AVERTISSEMENT

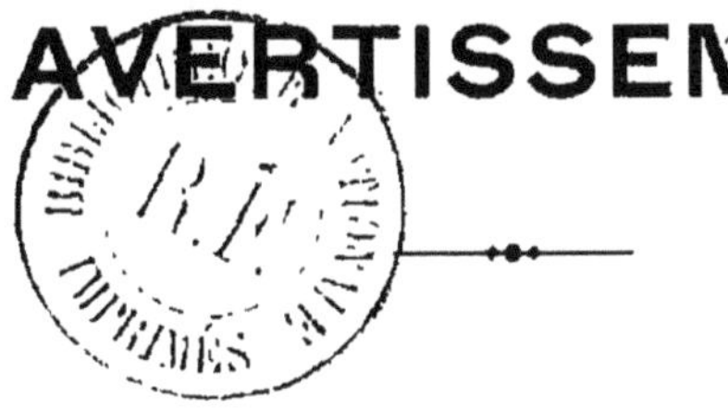

Rien de plus précieux que le temps.

En établissant un résumé analytique, par ordre alphabétique, l'auteur du présent opuscule n'a envisagé qu'un résultat à obtenir, celui d'économiser le temps employé à la recherche du principe ou de la disposition de la loi sur les Dommages de Guerre qui intéresse la personne ayant à l'appliquer ou à s'en prévaloir.

Dans son étude, dans son cabinet, l'officier ministériel, l'avocat, l'architecte, l'agent d'affaires. les maires, les secrétaires de Mairie, ou des Commissions cantonales, pourront, sans perdre un temps précieux, employé à de longues et énervantes recherches, trouver immédiatement la disposition légale qui intéresse le client ou eux-mêmes ; ce secours leur sera encore plus appréciable lorsqu'ils seront appelés à donner un avis ou un conseil au pied levé ou discuter sur un point quelconque de la loi , soit à l'audience, soit dans une réunion ou une assemblée

Pour compléter ce travail, l'auteur l'a fait suivre d'un relevé des délais à observer dans l'application de cette loi, ce qui évitera d'en compulser tout le texte pour retrouver le délai qui intéresse soit le sinistré, soit son chargé d'affaires.

Enfin, en vue de permettre de consulter rapidement l'article de la loi correspondant aux principes énoncés dans le relevé analytique, le texte complet de cette loi a été reproduit après le tableau de délais à la fin de l'opuscule.

Ce n'est donc pas un commentaire de la loi du 17 avril 1919, mais un simple travail de présentation sous forme pratique de cette Loi, que l'auteur a l'honneur de soumettre au public avec le vif désir de lui être utile.

J.-L. BRUN,
ancien Notaire.

NOTA. — L'auteur a pensé être agréable aux habitants des Régions sinistrées en insérant à la suite de son travail, à titre d'information générale, divers renseignements puisés à bonne source relatifs aux formalités à remplir ou demandes à entreprendre auprès des Administrations et Autorités civiles, en vue de la solution rapide des questions se rapportant aux dommages de guerre. — (Voir renseignements *in fine*).

RÉSUMÉ ANALYTIQUE

DES

diverses dispositions

ɔnues dans la Loi du 17 Avril 1919

SUR LA

RÉPARATION des DOMMAGES de GUERRE

SUIVI

d'un Tableau récapitulatif des délais divers
à observer pour l'application de la Loi

par J.-L. BRUN, ancien Notaire

TEXTE DE LA LOI

DU 17 AVRIL 1919

Renseignements généraux pour les habitants des Régions libérées sur
les formalités ou demandes à remplir près des Administrations
publiques en vue de la solution des questions se
rattachant aux dommages de guerre.

AMIENS

IMPRIMERIE DU PROGRÈS DE LA SOMME

18, Rue Alphonse-Paillat, 18

1919

RÉSUMÉ ANALYTIQUE

DES

diverses dispositions
contenues dans la Loi du 17 Avril 1919

SUR LA

RÉPARATION des DOMMAGES de GUERRE

SUIVI

d'un Tableau récapitulatif des délais divers
à observer pour l'application de la Loi

par J.-L. BRUN, ancien Notaire

TEXTE DE LA LOI

DU 17 AVRIL 1919

Renseignements généraux pour les habitants des Régions libérées sur
les formalités ou demandes à remplir près des Administrations
publiques en vue de la solution des questions se
rattachant aux dommages de guerre.

AMIENS

IMPRIMERIE DU PROGRÈS DE LA SOMME
18, Rue Alphonse-Paillat, 18

1919

Objet sommaire des diverses propositions prévues par la loi	ANALYSE DE CES DISPOSITIONS	Article de la loi s'y rapportant.
Abris provisoires.	Les sommes attribuées pour la construction d'abris provisoires ne sont pas déduites du montant de l'indemnité.	18
	Le tiers du montant de l'indemnité pourra être attribué à l'attributaire qui justifiera l'impossibilité d'effectuer le remploi immédiat pour lui permettre une construction provisoire.	19
Abrogation de décrets.	Sont et demeurent abrogés les décrets : du du 4 février 1915, du 24 mars 1915 modifié par le décret des 22 avril 1915 et 20 juillet 1915.	70
Absents.	Les administrateurs sont dispensés de toute autorisation préalable.	
	Décision de la Commission sera soumise au Tribunal des dommages de guerre. L'exercice des droits s'effectuera suivant les règles de droit commun.	25
Accidents (Responsabilités).	Voir au titre « Déblaiement ». Voir au titre « Arsenaux ».	60 66
Admission de l'exercice du droit à réclamation.	Sont admis à exercer ce droit : Les particuliers et leurs héritiers, les associations et établissements publics ou d'utilité publique, communes, départements, concessionnaires de voies de communication d'intérêt général (Pour ces derniers, un règlement d'administration publique déterminera les conditions.).	3
Administration légale.	Dispense de toute autorisation préalable. — Décision de la Commission sera soumise au Tribunal des dommages de guerre.	25 § 3
Allocations d'indemnité aux membres des Commissions et du Tribunal — Greffiers.	Il est alloué des indemnités qui seront fixées par arrêté, pris d'accord entre le Ministre de la Justice, le Ministre des Finances et le Ministre des Régions libérées. (Arrêté interministériel du 19 avril 1919).	31

Objet sommaire des diverses dispositions prévues par la loi.	ANALYSE DE CES DISPOSITIONS	Article de la loi s'y rapportant.
Application de la loi. ((Décret du 18 avril 1919).	Dans le délai d'un mois après la promulgation de la loi, un décret rendu sur la proposition du Ministre des Régions libérées réglera tous les détails d'application de ladite loi ainsi que le fonctionnement des greffes près les Tribunaux et les Commissions cantonales.	40
	La loi est applicable aux colonies et pays de protectorat et les indemnités accordées seront imputables sur les crédits ouverts au budget général de l'Etat.	68
Arsenaux.	Une loi spéciale déterminera les conditions dans lesquelles s'exercera le droit à réparation: 1° des dommages résultant des faits de guerre causés aux personnes ; 2° des dommages dont quiconque aurait eu à souffrir sur sa personne ou sur ses biens par suite d'accidents qui se seront produits : *a*) dans les arsenaux, manufactures, dépôts de munitions de l'Etat ; *b*) dans les usines privées travaillant pour la défense nationale, lorsque la réparation ne pourra être obtenue par le recours de droit commun. L'Etat subrogé aux droits, actions et privilèges de la victime du dommage pour le recouvrement des avances qu'il aura dû consentir à celle-ci en vue de subvenir à ses besoins les plus urgents.	66
Assurances.	S'il existe une assurance contre les risques de guerre, l'indemnité sera calculée sous déduction des sommes dues par l'assureur en tenant compte des primes payées. — En aucun cas, les Compagnies d'assurances ne pourront exercer de recours contre l'Etat.	18
Baux.	Une loi spéciale réglera les droits et obligations résultant des baux concernant les immeubles atteints par les faits de guerre ainsi que ceux des places fortes ou localités dont les habitants ont été évacués par l'autorité militaire.	64

Objet sommaire des diverses dispositions prévues par la loi	ANALYSE DE CES DISPOSITIONS	Article de la loi s'y rapportant.
Biens communaux.	Lorsqu'il s'agit de biens communaux, si le maire n'agit pas dans le délai de trois mois, tout contribuable inscrit au rôle de la commune a le droit de déposer une demande tendant à la réparation des dommages créés aux biens de la commune.	24
Biens indivis.	Si parmi les co-propriétaires d'un bien, ceux qui constituent la majorité en valeur et en nombre déclarent vouloir effectuer le remploi, celui-ci est de droit, l'indivision est alors prorogée pour une période maxima de cinq ans à dater de la reconstitution de la chose détruite sur la demande des co-propriétaires qui déclarent vouloir effectuer le remploi.	10
Biens meubles (évaluation).	Les dommages causés aux biens meubles sont réparés dans la mesure de la perte subie, calculés d'après la valeur desdits meubles au 30 juin 1914, et pour les biens meubles achetés après cette date, d'après la valeur au jour de l'achat. Pour les produits agricoles, d'après la valeur au jour de la maturité. Pour tous les autres biens meubles, ils ne pourront être évalués à un chiffre supérieur à celui donné par les inventaires, successions et actes ayant moins de dix ans de date, etc....	13
Cadastre.	Les frais de réfection du cadastre, de délimitation s'il y a lieu, de remembrement nécessités par les faits de guerre sont à la charge de l'Etat.	59
Certificats de non appel et de non pourvoi.	Des certificats de non appel et de non pourvoi devant le Conseil d'Etat sont délivrés dans les conditions prévues par l'article 58. (Extraits des décisions) par les greffiers des Tribunaux de guerre et des Commissions cantonales.	41
Cession de droits à indemnité (autorisation).	Le droit à l'indemnité peut être cédé dans les conditions prévues par les articles 1689 et suivants du Code civil, avec l'autorisation motivée du Tribunal civil donnée en Chambre du Conseil, après avis du ministère public. La	

Objet sommaire des diverses dispositions prévues par Ia loi.	ANALYSE DE CES DISPOSITIONS	Article de la loi s'y rapportant.
	même disposition est applicable lorsque la cession est faite par les attributaires de l'indemnité à une Société de crédit immobilier, à une coopérative ou à une Société d'habitation à bon marché, laquelle peut consentir aux attributaires des prêts à la reconstitution de l'immeuble, sans qu'ils aient ni à justifier de la possession d'une valeur équivalente au cinquième du montant du prêt ni à fournir une garantie hypothécaire ni à contracter une assurance sur la vie.	49
	L'autorisation est également de droit lorsque la cession est faite à une Société constituée en vue de relever les établissements ou les immeubles détruits. Un droit de préférence est réservé aux Sociétés locales.	
	A défaut de cession consentie par l'allocataire sinistré, ces sociétés locales recevraient, en vue du relèvement aux lieu et place du fonds commun, le montant des frais supplémentaires.	58
Cession d'indemnité.	Voir opposition au paiement.	10
Communauté de droits des attributaires.	Les attributaires ont la faculté de mettre en commun leurs droits à l'indemnité ou de les apporter en société en vue de la reconstruction d'immeubles ou de la reconstitution d'exploitation ou d'établissements agricoles, commerciaux ou industriels.	5
Conciliation des parties ou non conciliation.	La Commission s'efforce de concilier les parties et dresse, s'il y a lieu, procès-verbal de conciliation ou de non-conciliation et constate l'importance des dommages par catégories avec évaluation distincte pour chacun des éléments qui les constituent.	
	L'affaire est alors portée devant le Tribunal des dommages de guerre dans le délai d'un mois, s'il y a lieu.	28
Conseil d'Etat (Recours).	Voir pour recours au Conseil d'Etat des décisions des dommages de guerre au titre Excès de pouvoirs et au titre Prescription.	36 37

Objet sommaire des diverses dispositions prévues par la loi.	ANALYSE DE CES DISPOSITIONS	Article de la loi s'y rapportant.
Contestations et litiges.	S'il y a litige sur le fond du droit ou sur la qualité de l'attributaire et toutes les fois qu'il y a difficultés étrangères à la fixation du montant des indemnités, l'indemnité est réglée indépendamment des litiges, pour les autres causes les parties seont renvoyées à se pourvoir devant qui de droit.	33
Coupons.	Voir titres et coupons.	14
Commissions cantonales.	Les dommages visés par la présente loi sont constatés et évalués par des commissions cantonales créées à cet effet. Dans chaque département intéressé, des arrêtés préfectoraux fixent le délai dans lequel il sera procédé à la constitution des commissions cantonales, le nombre de ces commissions pour chaque canton, le siège et le ressort de chacune d'elles et la date à laquelle devront commencer les opérations. Si la situation ou l'état de certaines communes l'exige, le siège d'une commission pourra être fixé dans une commune d'un département voisin par arrêté du Ministre des Régions libérées. Les commissions cantonales sont composées de cinq membres : 1° Un président, choisi parmi les juges des Tribunaux civils ou anciens magistrats ou les avocats ou les anciens avoués ou anciens notaires ayant dix ans d'exercice. 2° Un délégué du Ministre des Finances et des Régions libérées ; 3° Un architecte, entrepreneur ou ingénieur ; 4° Un commissaire-priseur, greffier, ancien greffier, négociant en meubles. ; 5° Un agriculteur, un industriel ou un commerçant ou un ouvrier de métier. Les membres de la Commission autres que le président et le délégué du Ministre des Finances sont désignés par le Tribunal civil siégeant en Chambre de Conseil. Les fonctions de greffier ou secrétaires	20

Objet sommaire des divérses dispositions prévues par la loi.	ANALYSE DE CES DISPOSITIONS	Article de la loi s'y rapportant.
	sont remplies par un greffier, commis-greffier ou secrétaire de mairie ou toute autre personne compétente.	
	La Commission ne pourra statuer valablement que si le président et trois membres titulaires ou suppléants assistent à la séance.	21
	Lorsqu'il s'agit de dommages causés aux mines, minières ou carrières, bois et forêts, étangs, la Commission comprend un président comme il est indiqué ci-dessus, un délégué du Ministre des Finances, deux membres tirés au sort parmi les exploitants de mines. Un agent des travaux publics ou des eaux et forêts désigné par le Ministre, un délégué mineur, suivant la nature des dommages à évaluer.	22
	Lorsqu'il s'agit de dommages causés aux bateliers, entreprises de transports par voies navigables et remorquage, la Commission est ainsi composée : un président, désigné par le premier président de la Cour de Paris, un délégué du Ministre des Finances, un délégué du Ministre des Travaux publics, un constructeur de bateaux ou un batelier.	22
Commissions spéciales. (Rôle et composition).	Lorsque le lieu où le dommage s'est produit n'est pas connu et que, d'autre part, il n'est pas possible de procéder à la constatation du dommage dans le ressort de la Commission cantonale déjà constituée, la constatation et l'évaluation du dommage seront faites par une Commission spéciale dont la composition sera la même que celle des commissions cantonales et qui aura son siège à Paris.	
	Le Tribunal des dommages de guerre de la Seine sera compétent pour statuer sur les recours formés contre les décisions prises par la Commission dont il s'agit.	20
Compétences.	Si l'objet du dommage s'étend sur plusieurs cantons, la compétence appartient à la Commission du canton où est située la partie principale.	20

Objet sommaire des diverses dispositions prévues par la loi.	ANALYSE DE CES DISPOSITIONS	Article de la loi s'y rapportant.
Conseil de Préfecture.	L'action en réparation des dommages visés à l'article 2 est prescrite deux ans après la signature de la paix, sauf le cas de force majeure. Si les commissions et le Tribunal institués par la présente loi sont dissous au moment où l'action est introduite, elle sera portée devant le Conseil de préfecture, sauf recours du Conseil d'Etat.	37
Comité technique.	Dans chaque département, un Comité technique est institué pour établir ou faire établir, en matières d'immeubles, des séries de prix destinées à faciliter le calcul de la perte subie et la détermination des frais supplémentaires. Ce Comité est réuni par les soins du Préfet dans le mois qui précède la réunion de toute Commission cantonale. Il se compose du Préfet ou son représentant, un délégué du Ministre des Travaux publics, un délégué du Ministre des Régions libérées, les présidents et vice-présidents des Tribunaux ou Chambres de Commerce, des Associations et Comices agricoles, des Conseils de prud'homme du département, un membre du Conseil départemental des bâtiments civils désigné par cette compagnie, un membre de chacune des Sociétés d'architectes et d'ingénieurs du département. Les séries de prix sont mises à la disposition des Commissions d'évaluation et des Tribunaux compétents.	23
Créanciers.	Les créanciers privilégiés, hypothécaires ou antichrésistes ne peuvent s'opposer au remploi, ni exiger le paiement de leur créance en argent qu'à l'échéance fixée par le contrat initial prorogé d'une période égale à l'interruption de la jouissance. Leurs droits sont reportés sur la chose reconstituée, sous réserve des privilèges consentis à l'Etat.	10 § 7

Objet sommaire des diverses dispositions prévues par la loi.	ANALYSE DE CES DISPOSITIONS	Article de la loi s'y. rapportant.
	Au cas de non remploi, les créanciers privilégiés, hypothécaires ou antichrésistes, ainsi que les créanciers chirographaires et les bénéficiaires d'une promesse de vente peuvent avec l'autorisation du Tribunal civil, en souscrivant aux conditions du remploi aux lieu et place du débiteur, être subrogés dans les droits de ce dernier pour la reconstitution du gage, le tout dans les deux mois à compter de. la mise en demeure faite aux débiteurs. En cas de non remploi, l'indemnité est attribuée aux créanciers privilégiés, hypothécaires ou antichrésistes suivant leur rang.	10
	Le sinistré devra indiquer, s'il en existe, les noms et domiciles des créanciers hypothécaires, antichrésistes privilégiés, les bénéficiaires de droits d'usage, d'habitation et de servitudes foncières.	
	Ces créanciers seront informés de la demande par les soins du greffier de la Commission cantonale et seront admis à présenter leurs observations devant la Commission cantonale et le Tribunal des dommages de guerre dans le délai de quinzaine.	24
Convocation des parties. (Procédure de la Commission cantonale.	Le greffier convoque les parties. Il informe de cette convocation les créanciers hypothécaires, antichrésistes, privilégiés, les bénéficiairesdes droits d'usage, d'habitation et de servitude foncière, ainsi que les bénéficiaires de promesse de vente, le tout par pli recommandé avec avis de réception. L'Etat est appelé en la personne du Préfet ou de son délégué.	
	Les parties peuvent se faire assister ou représenter par un membre de leur famille.	27
Cumul (Non) des indemnités.	Les indemnités attribuées aux divers titres (réparations de dommages) ne peuvent se cumuler avec aucune autre indemnité reçue à l'occasion des mêmes faits, sans que le paiemeat d'une indemnité puisse s'opposer à la participation des intéressés dans l'attribution des sommes que l'Etat français aura recou-	

Objet sommaire des diverses dispositions prévues par la loi.	ANALYSE DE CES DISPOSITIONS	Article de la loi s'y rapportant.
	vrées sur l'ennemi en vertu des conventions et des traités, pour les dommages de toute nature qui n'auront pas été réparés ou qui ne l'auront été que partiellement.	18
Curatelle.	L'exercice des droits s'effectuera suivant les règles de droit commun.	25
Concessionnaires de services publics. Mines, Départements et communes. — Etablissements publics et d'utilité publique.	L'indemnité ne peut dépasser le montant des frais de reconstruction de l'immeuble avec l'affectation antérieure. Pour les concessionnaires de mines, l'octroi des indemnité prévues au présent article est subordonné à la condition de la reprise de l'exploitation, à moins que l'impossibilité de la reprendre ne soit dûment établie, auquel cas l'indemnité est seulement du montant de la perte subie. Il pourra être apporté, sur l'initiative de l'autorité concédante ou des concessionnaires, des modifications à la convention et au cahier des charges. A défaut d'accord entre les parties, le droit de rachat sera ouvert de plein droit à l'autorité concédante.	5 42
Dommages à réparer (Nature des).	Dommages certains, matériels et directs causés en France et en Algérie aux biens mobiliers et immobiliers et ci-après énoncés : Réquisitions opérées par les autorités ou troupes ennemies, occupations, logements et cantonnements, prélèvements et enlèvements, impôts, contributions, amendes, enlèvements de récoltes, bestiaux, arbres, meubles meublant, titres et valeurs, détériorations ou destruction partielles ou totales d'objets mobiliers, récoltes, bâteaux armés pour la pêche, au cours des évacuations ou rapatriements. Dommages causés par les armées françaises ou alliées soit en raison des mesures préparatoires de l'attaque, des mesures pour la défense ou préventives de celle-ci. Le réclamant conserve la faculté d'user par préférence des	

Objet sommaire des diverses dispositions prévues par la loi.	ANALYSE DE CES DISPOSITIONS	Article de la loi s'y rapportant.
	dispositions des lois et règlements sur les réquisitions.	2
	Une loi spéciale déterminera les conditions dans lesquelles s'exercera le droit à la réparation : 1º des dommages résultant des faits de la guerre causés aux personnes ; 2º des dommages dont quiconque aurait eu à souffrir sur sa personne ou sur ses biens par suite d'accidents qui se seront produits : *a*) dans les arsenaux, manufactures, dépôts de munition de l'Etat ; *b*) dans les usines privées travaillant pour la défense nationale, lorsque la réparation n'en pourra être obtenue par le recours du droit commun, l'Etat sera subrogé aux droits, actions et privilèges de la victime du dommage, pour le recouvrement des avances qu'il aura dû consentir à celle-ci en vue de subvenir à ses besoins les plus urgents.	66
Dommages causés aux Bateliers et entrepreneurs de transports par voies navigables.	Pour l'instruction et l'appréciation des dommages de guerre causés aux bateliers et entreprises de transports, par voies navigables et remorquages, il est institué une Commission spéciale siégeant à Paris au Ministère des Travaux publics. Si le lieu du dommage est connu et que le dommage soit possible à constater, il est procédé à cette constatation par la Commission cantonale du lieu de dommage. si l'intéressé en fait la demande et en sa présence. Il est dressé procès-verbal de la constatation et ce procès-verbal est transmis dans le délai de huitaine au président de la Commission spéciale chargée de l'évaluation du dommage. Les recours formés contre les décisions prises par cette Commission spéciale sont portés devant le tribunal des dommages de guerre de la Seine.	20
Dommages (Evaluation partielle.)	Lorsque le sinistré justifie qu'il n'est en mesure de faire procéder à l'évaluation que d'une partie des dommages causés à ses biens,	

Objet sommaire des diverses dispositions prévues par la loi.	ANALYSE DE CES DISPOSITIONS	Article de la loi s'y rapportant.
	la Commission compétente pourra, sur sa demande, surseoir à statuer aux opérations ou bien procéder à des constatations et évaluations partielles.	26
Déchéances (cas divers).	Pourra être déchu à tout moment, en totalité ou en partie, du droit à indemnité : 1° Tout individu condamné contradictoirement ou par contumace ; 2° Tout français insoumis ou déserteur pendant la guerre, sauf acquittement ultérieur. Ni la prescription de la peine ou du crime ne pourront relever les intéressés de la déchéance ; 3° L'attributaire qui aura changé la destination de l'indemnité ; 4° L'attributaire qui aura cédé ou compromis contrairement aux articles 46 et de l'article 1321 du Code civil (Cession des droits à indemnité, art. 1321. Les contre-lettres ne peuvent avoir leur effet qu'entre les parties contractantes, elles n'ont point d'effet contre les tiers.)	52
	Tout réclamant qui aura négligé volontairement de déclarer qu'il a déjà reçu une indemnité provenant d'une assurance ou qui aurait intentionnellement fait une fausse déclaration. Dans ces trois cas, la réclamation des sommes indûment cédées ou perçues sera en outre poursuivie.	53
	Ces déchéances prévues aux articles 52 et 53 sont prononcées par les tribunaux ordinaires, à la requête du ministère public, à l'exception de la déchéance visant le changement de destination (art. 53) qui est prononcée par le Tribunal des dommages de guerre.	54
Délais.	Les délais sont comptés et augmentés conformément aux dispositions de l'article 1033 du Code de procédure civile. (Voir tableau récapitulatif annexé).	34
(Dépots de munitions (accidents).	Voir au titre Arsenaux.	66

Objet sommaire des divérses dispositions prévues par la loi.	ANALYSE DE CES DISPOSITIONS	Article de la loi s'y rapportant.
Déblaiement.	Les frais de déblaiement de tous les immeubles, de recherche et d'enlèvement de projectiles non éclatés sont à la charge de l'Etat. L'Etat sera responsable des accidents qui pourraient produire l'explosion de projectiles non éclatés.	60
Droits d'usag. et d'habitation (Personne ayant des).	Leurs droits sont reportés sur la chose reconstituée.	10
Droits réels mobiliers.	Les prescriptions de l'article 10 concernant la conservation des droits réels, s'appliquent en matière mobilière, soit aux objets de remplacemeut, soit à l'indemnité en tenant lieu.	16
Dépot des demandes.	Les intéressés sont admis, dès la publication de l'arrêté préfectoral prononçant l'ouvertúre des opérations des Commissions, à déposer leurs demandes avec pièces à l'appui entre les mains du greffier de la Commission cantonale compétente qui délivrera, du tout, un récépissé. Ils peuvent aussi effectuer ce dépôt à la mairie, à la préfecture ou à la sous-préfecture de l'arrondissement du dommage. L'Administration préfectorale, après examun du dossier, le transmet, avec son avis, au greffe de la Commission cantonale, dans le délai de quinzaine. S'il s'agit de biens appartenant aux communes, et si le maire n'agit pas dans le délai de trois mois, tout contribuable inscrit au rôle de la commune a le droit de déposer une demande tendant à la réparation des dommages causés aux biens de la commune.	24
Enregistrement et timbre.	Les pièces, décisions, copies, grosses et actes de procédure nécessaires pour l'application de la loi sont dispensés de la formalité de	

Objet sommaire des diverses dispositions prévues par la loi.	ANALYSE DE CES DISPOSITIONS	Article de la loi s'y rapportant.
	timbre et d'enregistrement, sans préjudice des obligations résultant de la loi du 23 août 1871 pour les actes ou pièces qui doivent être enregistrés dans un délai déterminé.	35
	Les actes constatatant la cession ou la délégation sont exempts de tous droits de timbre et d'enregistrement.	49
	En cas de fusion ou de mise en société, les droits d'enregistrement seront perçus sur la valeur d'avant guerre.	5
Emprunts communaux.	Les sommes restant dues par les communes sur les emprunts contractés par elles pour des faits de guerre antérieurs, sont prises en charge par l'État à dater de la promulgation de la loi.	63
Expert désigné par le Préfet.	Toutefois, quand l'expert aura été désigné par le Préfet, dans les conditions fixées par l'article 1er de la loi du 5 juillet 1917, le procès-verbal de la visite et l'état descriptif des lieux seront déposés à la préfecture. Il sera délivré un récépissé de ce dépôt.	69
Experts (rémunération).	Voir disposition au titre Mandataires.	51
Edifices civils et cultuels.	S'il s'agit d'édifices civils ou cultuels, l'indemnité consiste dans les sommes nécessaires à la reconstitution d'un édifice présentant le même caractère, ayant la même importance, la même destination et offrant les mêmes garanties de durée que l'immeuble détruit. (Voir Commission spéciale, composition. Un règlement d'administration publique à intervenir déterminera le fonctionnement et la procédure de cette Commission.)	12
Emancipés (mineurs).	Les curateurs des mineurs émancipés devront justifier d'une délibération motivée du conseil de famille.	25 § 1

Objet sommaire des diverses dispositions prévues par la loi.	ANALYSE DE CES DISPOSITIONS	Article de la loi s'y rapportant.
Emphytéote.	Voir dispositions relatives au nu-propriétaire.	10
Étrangers.	A titre conservatoire, les étrangers sont admis à faire constater et évaluer les dommages dont ils auront souffert. Les droits seront réparés suivant les traités à conclure entre la France et la nation à laquelle ressortissent ou ont ressorti ces étrangers ou naturalisés.	3
Evaluation des pertes et des frais supplémentaires.	Les pertes et les frais supplémentaires nécessités par la reconstitution des immeubles sont évalués séparément par les Commissions instituées par les articles 20 et suivants de la présente loi. (Voir Commissions). Pour les immeubles bâtis et les immeubles par destination, le montant de la perte subie est évalué en prenant pour base le coût de la construction à la veille de la mobilisation sous déduction de la vétusté. S'il s'agit d'immeubles reconstruits ou réparés postérieurement à la mobilisation, au jour où ils ont été réparés ou reconstruits. Au cas de non remploi, le montant de la perte ne pourra excéder la valeur vénale de l'immeuble à la veille de la mobilisation. Les frais supplémentaires sont égaux à la différence entre le coût de construction à la veille de la mobilisation et celui de reconstitution d'immeubles identiques au jour de l'évaluation. Pour les immeubles non bâtis, le montant de la perte subie est évalué en tenant compte de la détérioration du sol et de toutes les détériorations diverses survenues aux clôtures, vignes, plants, taillis, etc....	5 5
Extrait des décisions (Délivrance).	Il est délivré à l'attributaire, sur sa demande et dans le délai de quinzaine, par le greffier de la Commission cantonale ou du Tribunal des dommages de guerre, un extrait pour chacune des décisions qui le concernent.	41

Objet sommaire des diverses dispositions prévues par la loi	ANALYSE DE CES DISPOSITIONS	Article de la loi s'y rapportant.
Excès de pouvoirs (Incompétence).	Les décisions du Tribunal des dommages de guerre peuvent être l'objet d'un recours devant le Conseil d'Etat pour incompétence, excès de pouvoirs ou violation de la loi dans les deux mois de la signification de la décision.	36
Femmes mariées.	L'exercice des droits et actions résultant de la présente loi s'effectuera suivant les règles de droit commun. Toutefois, en cas de refus du mari ou impossibilité de l'assister dûment justifiée, la constatation légale de l'impossibilité ou refus suffira à habiliter la femme pour l'exercice de ses droits, mais le régime matrimonial conservera son entier effet.	.25
Frais supplémentaires (Biens mobiliers).	Les frais supplémentaires représentant la différence entre la perte subie et la valeur de remplacement seront accordés soit au prix de remplacement, s'il a déjà été effectué, soit à la valeur appréciée au jour de l'évaluation du dommage si le remplacement n'a pas été effectué pour les meubles compris dans les catégories ci-après : Outillage divers, matières premières, approvisionnements bestiaux, engrais, semences, mobiliers d'habitation et objets d'agrément dont la valeur pour chacun ne dépassait pas 3.000 francs à la mobilisation.	13
Fonds de Commerce.	Une loi spéciale réglera les conditions dans lesquelles sera ouvert le droit à réparation des dommages causés aux fonds de commerce.	65
Hygiène publique. (Dépenses).	Les dépenses résultant des améliorations apportées à l'hygiène publique des agglomérations sont à la charge de l'Etat.	62
Incapables.	Les administrateurs ou tuteurs devront justifier de leur qualité par la production de la délibération du Conseil de famille. Décision de la Commisison sera soumise au Tribunal des dommages de guerre.	25
	L'exercice des droits s'effectuera suivant les règles de droit commun.	25

Objet sommaire des diverses propositions prévues par la loi	ANALYSE DE CES DISPOSITIONS	Article de la loi s'y rapportant.
Indemnité (Fixation).	L'indemnité en matière immobilière comprend le montant de la perte subie, évaluée à la veille de la mobilisation et celui des frais supplémentaires nécessités pour la reconstitution des immeubles endommagés ou détruits. Ces deux indemnités évaluées séparément par les Commissions cantonales, sont accordées s'il y a remploi. Au cas de non remploi, l'indemnité comprend seulement la perte subie.	4
	En cas de reprise d'exploitation de biens ruraux, l'attributaire a droit, en outre, au montant des dépenses supplémentaires nécessitées par la remise de la terre dans son état d'exploitation ou de productivité antérieur par le rétablissement des clôtures, d'enlèvement des souches, les plantations nouvelles ou le repeuplement des bois et forêts.	5
Incompatibilité.	Les fonctions de membre d'un Tribunal des dommages de guerre sont incompatibles avec celles de membre d'une Commission cantonale, avec la qualité d'attributaire dans le ressort du Tribunal ou l'exercice d'un mandat électif.	38
Interdits.	Les tuteurs devront, pour l'exercice des droits, justifier d'une délibération du Conseil de famille.	25
Interdiction de remploi.	Le remploi pourra être interdit d'office par le Tribunal des dommages de guerre, s'il est reconnu irréalisable, ou contraire à l'intérêt économique ou à la santé publique.	6
Intérêt.	Les sommes dûes par l'Etat pour la réparation de la perte subie, à l'exception de celles dûes pour les dommages causés aux maisons de plaisance et aux meubles visés à l'article 13 produisent un intérêt de 5 % qui est payé trimestriellement et en espèces à l'attributaire. (Voir au mot *Paiement*, art. 8, 19, 43, 47.)	

Objet sommaire des diverses dispositions prévues par la loi	ANALYSE DE CES DISPOSITIONS	Article de la loi s'y rapportant.
Mandataires (**Rémunération**).	Le Tribunal des dommages peut souverainement, et en dernier ressort, nonobstant toute convention contraire, réduire les sommes réclamées à l'attributaire par les mandataires et hommes de l'art auxquels il aurait eu recours pour la défense de ses intérêts, ainsi que par les experts. La réduction ne pourra être demandée ou prononcée d'office que dans le délai de deux ans à compter de la fixation de l'indemnité. Les sommes payées sont sujettes à répétition.	51
Manufactures (**Accidents**).	Voir au titre Arsenaux.	66
Marchandises (**Evaluation**).	La valeur à attribuer aux marchandises dont la fabrication ou la transformation se sont poursuivis postérieurement au 30 juin 1914 sera déterminée par la valeur de ces marchandises au jour du dommage.	13
Mesures conservatoires.	Lorsque des mesures conservatoires ont été prises pour éviter des dommages tant mobiliers qu'immobiliers, ou pour en empêcher leur aggravation, une indemnité sera accordée en remboursement des dépenses dûment justifiées.	17
Matériaux provenant de démolition.	L'Etat devient propriétaire des matériaux provenant de déblaiement.	60
Nu-propriétaire.	Le remploi est de droit s'il est voulu, soit par le nu-propriétaire soit par l'usufruitier ou l'emphytéote, soit par le bénéficiaire d'une promesse de vente. Pendant la durée de l'usufruit ou du bail emphytéotique, le remboursement des annuités est par moitié à la charge du nu-pro-	

Objet sommaire des diverses propositions prévues par la loi.	ANALYSE DE CES DISPOSITIONS	Article de la loi s'y rapportant.
	priétaire et pour moitié à la charge de l'usufruitier ou de l'emphytéote. Les usufruitiers, les emphytéotes ont leurs droits reportés sur la chose reconstituée sous réserve du privilège consenti à l'Etat par le paragraphe 7 de l'article 5.	10
Oppositions au paiement.	Les oppositions au paiement et les cessions d'indemnité doivent être formées entre les mains des Trésoriers payeurs généraux et des Receveurs des Finances, dans le mois qui suivra la fixation définitive de l'indemnité Elles seront inscrites dans le délai de huitaine à peine de nullité au greffe du Tribunal des dommages de guerre. Passé ce délai, les paiements effectués sont valables. Dans le cas d'usufruit, il en est tenu compte dans l'immatricule du titre de rente délivré à l'attributaire. Si l'immeuble est grevé de droit d'usage ou d'habitation ou de servitudes foncières, l'indemnité est répartie entre le propriétaire et les bénéficiaires de ces droits au prorata de leurs droits dans les proportions et aux conditions établies par l'Administration de l'Enregistrement pour les droits dûs en matières successorales.	10
Option ou promesse de vente.	Si le bénéficiaire d'une promesse de vente veut le remploi, celui-ci est de droit.	10
Ouvriers (Réintégration des ouvriers aux usines).	Après reconstitution de l'industrie ou de l'usine il en sera donné avis par l'industriel, au Ministre du Travail, quinze jours avant la remise en marche, afin de permettre aux ouvriers occupés antérieurement de reprendre leur travail avec un droit de préférence. Dans le mois qui suivra la déclaration, les ouvriers ou employés pourront reprendre le travail dans l'ordre de leur inscription et dans la mesure des besoins de l'exploitation.	55

Objet sommaire des diverses dispositions prévues par la loi.	ANALYSE DE CES DISPOSITIONS	Article de la loi s'y rapportant.
Offices publics et ministériels.	Les dommages de guerre immédiats et certains causés aux officiers publics et ministériels sont réparés dans la mesure de la perte subie, égale à la différence entre la valeur de l'office au jour de la mobilisation, et la valeur au jour de l'évaluation. L'officier ministériel lésé aura la faculté de demander la suppression de son étude.	45
Paiement.	Les extraits des décisions délivrés aux attributaires sont échangés dans un délai de deux mois et par les soins du Ministre des Finances contre un titre de créance constatant la somme à payer pour la réparation des dommages. Ce titre n'est pas négociable, mais peut faire l'objet d'avances et être transporté après autorisation motivée du Tribunal. Si l'attributaire a obtenu la dispense d'effectuer le remploi ou si celui-ci a été interdit, il reçoit un titre représentant le montant de la perte subie. L'attributaire qui effectue le remploi reçoit un titre complémentaire pour les frais supplémentaires. Ce titre complémentaire est également attribué pour l'excédent de remplacement des biens meubles, ainsi que pour la dépréciation résultant de la vétusté. Dans le délai de deux mois, il est remis un titre spécial pour la réparation en capital et intérêts à 5 %, à dater du jour du dommage pour les prélèvements, amendes et contributions de guerre imposés par l'ennemi. Si l'attributaire procède au remploi, en ce qui concerne soit les immeubles dans les conditions prévues aux articles 4 et 5, soit les biens meubles, ou s'il prend devant la Commission cantonale ou le Tribunal des dommages de guerre, l'engagement de procéder à ce remploi ou à cette reconstitution, il a droit, sans justification dans le délai de deux mois à dater de la remise du titre, à	43

Objet sommaire des diverses dispositions prévues par la loi.	ANALYSE DE CES DISPOSITIONS	Article de la loi s'y rapportant.
Paiement. (Suite).	un premier acompte de 25 % sur les sommes allouées pour la perte subie, sans que cet acompte puisse être inférieur à 3.000 francs. Si la perte subie est égale ou supérieure à ce chiffre ni supérieur à 100.000 francs, à moins qu'il ne justifie devant le Tribunal des dommages de guerre d'un emploi ou de besoins immédiats plus considérables (production de quittances, notes de livraison ou commandes acceptées par les fournisseurs). Le solde du montant de la perte subie est versé par acomptes successifs au fur et à mesure de la justification des travaux exécutés ou des achats effectués dans les conditions prévues au paragraphe précédent. Chacun des versements a lieu dans le délai de deux mois de la justification. Quand le paiement de la perte subie est totalement effectué, le montant des frais supplémentaires est versé dans les mêmes conditions sur la présentation du titre complémentaire. Il en est de même pour l'excédent de la valeur de remplacement sur le montant de la perte subie en ce qui concerne les biens meubles visés aux nos 1 à 4 du paragraphe 4 de l'article 13. Les sommes allouées pour réparation des dommages aux meubles n'ayant pas une utilité industrielle commerciale agricole professionnelle, ou domestique seront payées après épuisement de toutes autres sommes dues audit attributaire à quelque titre que ce soit. Si après affectation du montant des frais supplémentaires à la reconstruction d'immeubles ou à la reconstitution d'une exploitation, l'attributaire use de la faculté qui lui est réservée par le paragraphe 5 de l'article 5, la somme correspondant à la dépréciation résultant de la vétusté lui est versée sur la présentation du titre spécial au fur et à mesure des justifications d'emploi. Il peut être alloué aux sinistrés, pour ré-	44

Objet sommaire des diverses dispositions prévues par la loi.	ANALYSE DE CES DISPOSITIONS	Article de la loi s'y rapportant.
Paiement. (suite)	pondre aux besoins les plus urgents, des avances dont les conditions d'attribution sont fixées de concert par le Ministre des Régions libérées et par le Ministre des Finances.	44
	Dans le cas où l'attributaire n'a droit qu'au montant de la perte subie, s'il déclare, dans le délai de deux ans, devant la Commission cantonale ou devant le Tribunal des dommages de guerre, vouloir destiner l'indemnité à un usage immobilier, agricole, industriel, commercial ou à l'exercice d'une profession sur un point quelconque du territoire, l'indemnité représentative de la perte subie lui est également versée par acomptes successifs, au fur et à mesure de la justification des travaux exécutés ou des achats effectués. Sauf les cas prévus par l'article 8, si l'attributaire ne destine pas l'indemnité à un usage immobilier, agricole, industriel, commercial, ou à l'exercice d'une profession, le paiement est fait en dix termes annuels égaux, le premier terme étant payable trois mois après la remise du titre de créance et les termes suivants de douze en douze mois.	45
	L'Etat peut se libérer : Par la dation d'un immeuble de même nature et valeur dans le canton du dommage ou limitrophe ; Pour les immeubles par destination, par une fourniture similaire ; Pour les meubles, par la remise d'objets de même valeur ; En faisant exécuter lui-même les travaux ou en fournissant les matériaux nécessaires. Il a également la faculté de se rendre acquéreur des immeubles. Si l'attributaire n'accepte pas les modes de libération proposés par l'Etat, le Tribunal des dommages de guerre statue sur l'appel de la partie la plus diligente. L'Etat peut, à tout moment, se libérer par anticipation.	46
	Si l'attributaire doit à l'Etat, il peut faire	

Objet sommaire des diverses dispositions prévues par la loi.	ANALYSE DE CES DISPOSITIONS	Article de la loi s'y rapportant.
Paiement. (suite)	imputer son compte débiteur sur l'indemnité qui lui est allouée.	46
	Les sommes dûes par l'Etat à l'exception de celles dûes aux maisons de plaisance et aux meubles visés aux paragraphes 2 et 3 de l'article 13 produisent, à partir du 11 novembre 1918, un intérêt au taux de 5 % qui est payé trimestriellement à l'attributaire.	
	Toutefois, pour les dommages causés aux marchandises et matières premières, qui ne bénéficient pas des dispositions du paragraphe 4, n°s 1, 2, 3, de l'article 13, les intérêts courent six mois après la date des dommages.	47
	Le payement des indemnités, des intérêts et des avances sera effectué directement par l'Etat et sous sa garantie.	
	Au cas où l'Etat ferait appel au concours d'établissements financiers, les conditions passées seront soumises à la ratification des Chambres.	48
Plans d'alignement.	Les frais des plans d'alignement, nivellement des voies publiques sont à la charge de l'Etat.	61
Preuve (Moyens de).	Tout moyen de preuve est admis pour établir la réalité et l'importance des dommages. Les parents et domestiques peuvent être entendus comme témoins.	32
Prescription.	L'action en réparation des dommages est prescrite deux ans après la signature de la paix, sauf le cas de force majeure.	
	En cas de dissolution du Tribunal ou des Commissions, l'action sera portée devant le Conseil de préfecture sauf recours au Conseil d'Etat.	37
Priorité pour transport de matériaux.	Un droit de priorité est accordé aux sinistrés pour l'obtention des transports de matériaux et la main-d'œuvre dont ils auront besoin pour effectuer le remploi.	56

Objet sommaire des diverses dispositions prévues par la loi.	ANALYSE DE CES DISPOSITIONS	Article de la loi s'y rapportant.
Privilège de l'Etat (Avances).	Pour le remboursement des avances faites par l'Etat en vue de réparation des immeubles par suite de vétusté, en vue du remploi effectif, l'Etat jouit d'un privilège qui est inscrit au premier rang des privilèges réglementés par l'article 2103 du Code civil.	5
Produits agricoles. (Evaluation).	Voir Biens meubles.	13
Projectiles.	Voir au titre Déblaiement.	60
Réinvestissement.	Remploi qui peut être effectué hors des limites territoriales imposées pour le remploi proprement dit.	49
Remploi (Mode et conditions).	Le remploi a lieu en immeubles ayant la même destination que les immeubles détruits ou une destination immobilière, industrielle, commerciale ou agricole, dans la commune du dommage ou dans un rayon de 50 kilomètres sans sortir de la zone dévastée. Toutefois, dans le cas d'expropriation ou de rachat de terres par l'Etat, le remploi pourra être effectué en matière agricole dans l'étendue des régions dévastées. Le remploi est considéré comme totalement effectué si l'attributaire a affecté à la reconstitution de l'immeuble et aux frais d'établissement de l'exploitation une somme égale au montant de l'indemnité à lui attribuée en toute propriété. En cas de non remploi, les frais supplémentaires de reconstitution seront, dans les conditions déterminées par la loi de Finances, attribués à un fonds commun pour être employés au profit des régions sinistrées. Si le remploi n'est pas effectué, le paiement de la perte subie est réalisé par la remise des titres nominatifs et remboursables au pair 5 % inaliénables pendant cinq ans, mais cessibles seulement par autorisation du Tribunal.	5 7 8

Objet sommaire des diverses dispositions prévues par la loi.	ANALYSE DE CES DISPOSITIONS	Article de la loi s'y rapportant.
	Lorsque le remploi n'est pas effectué par l'attributaire même, les propriétaires intéressés peuvent, pour l'exécution des travaux, ayant une utilité collective, former des associations syndicales autorisées.	11
	L'attributaire aura un délai de deux ans à partir de la décision portant fixation définitive de l'indemnité pour souscrire à la condition du remploi. Il devra fournir, à l'appui de son engagement, en vue de faciliter le calcul des frais supplémentaires, un projet des travaux à exécuter ou des achats à effectuer avec devis estimatif.	9
Responsabilité de l'Etat.	Voir au titre Déblaiement.	60
Revision des décisions prises par les Commissions cantonales.	A titre transitoire, les décisions prises par les Commissions cantonales, conformément aux dispositions des articles 3 et 8 du décret du 20 juillet 1915, et par les Commissions départementales, seront, sur la demande du Préfet, soit des attributaires ou des ayants droit, revisées et complétées, s'il y a lieu, suivant les prescriptions de la présente loi. Elles pourront, en tout cas, faire l'objet de contestation devant le Tribunal de dommages de guerre dans le délai de six mois, à dater de la promulgation de la présente loi.	57
Secret professionnel.	Est tenu au secret professionnel, dans les termes de l'article 378 du Code pénal, toute personne appelée à l'occasion de ses fonctions, à intervenir dans la procédure instituée par la présente loi.	39
Séries de prix.	Déposées dans les Mairies. (Voir Renseignements généraux).	
Société (Biens immobiliers).	Pour le remploi, voir dispositions applicables aux Biens indivis. Si des sociétés se constituent en vue du relever les établissements ou les immeubles détruits, elles recevront, au cas de non rem-	10

Objet sommaire des diverses dispositions prévues par la loi.	ANALYSE DE CES DISPOSITIONS	Article de la loi s'y rapportant.
	ploi par l'allocataire, même à défaut de cession consentie par lui, le montant des frais supplémentaires aux lieu et place du fonds commun institué au paragraphe 2 de l'article 7 de la présente loi.	58
Subventions ministérielles	Pour les dépenses d'application immédiate des plans d'alignement et de nivellement, l'acquisition des terrains nus ou des bâtiments actuellement ruinés ou gravement endommagés compris dans les alignements, seront accordées par le Ministre des Régions libérées aux communes et aux départements.	
	Les prix d'acquisition seront fixés par un jury composé de quatre membres, conformément à la loi du 21 mai 1836.	61
Successions bénéficiaires	L'exercice des droits s'effectuera suivant les règles de droit commun.	25
Titres et coupons de rente.	Les titres et coupons sont remplacés. S'il s'agit de titres ou coupons français autres que ceux émis par l'Etat ou de titres ou coupons étrangers dont la restitution n'a pu être obtenue en France par les moyens légaux, les dommages sont réparés dans la mesure de la perte subie, évaluation faite au cours de la Bourse, précédant la fixation de l'indemnité ou par estimation directe.	14
Tribunal de dommages de guerre.	Il est créé, à chaque chef-lieu d'arrondissement où existent des commissions cantonales, un Tribunal de dommages de guerre. Ce Tribunal peut être créé dans un arrondissement voisin. Il est divisé en autant de Chambres que les besoins comportent : Chaque Chambre est composée : 1° d'un Président choisi parmi les magistrats honoraires ou en activité des Cours ou Tribunaux ; 2° de deux membres et de deux membres suppléants désignés dans les mêmes conditions que le Président et choisis parmi les	

Objet sommaire des diverses dispositions prévues par la loi.	ANALYSE DE CES DISPOSITIONS	Article de la loi s'y rapportant.
	magistrats en activité ou honoraires, Conseils de préfecture, avocats, professeurs de facultés de droit, anciens bâtonniers de l'Ordre des avocats au Conseil d'Etat et à la Cour de cassation, des Chambres d'avoués et de notaires ; 3° de deux membres et de deux suppléants tirés au sort, au début de chaque session de deux mois sur une liste de vingt membres désignés par le Conseil général. Le Tribunal ne peut statuer valablement que si trois membres sont présents, y compris le Président. Le Tribunal est assisté d'un greffier nommé par le Ministre. Il statue sur toutes les questions se rattachant à la réalité et à l'importance des dommages, fixe définitivement le montant des indemnités, annule les opérations irrégulières soit d'office soit sur la demande des intéressés, prononce le renvoi des affaires devant les Commissions cantonales. Le Tribunal statue, sur mémoire, et en dernier ressort, après rapport par l'un des juges. Les parties peuvent être entendues sur leur demande ou se faire représenter.	29 30
Tuteurs.	Ils devront justifier de leur qualité comme il est dit pour les incapables (Décision de la Commission sera soumise au Tribunal des dommages de guerre).	25
Usufruitier.	Voir dispositions relatives au nu-propriétaire.	10
Usines travaillant pour la défense nationale.	Voir au titre Arsenaux.	66
Visiteurs de passage.	Pendant les trois années qui suivront la cessation des hostilités, les personnes possédant des locaux susceptibles d'être loués ou sous-	

Objet sommaire des diverses dispositions prévues par la loi.	ANALYSE DE CES DISPOSITIONS	Article de la loi s'y rappor- tant.
	loués aux voyageurs de passage, pourront former un syndicat sous le régime de la loi du 21 mars 1884. La liste des logements sera déposée à la mairie avec les conditions de prix approuvées par l'Office national de tourisme.	67
Vente anté- rieure du sol.	L'attributaire qui aura vendu, antérieure- ment à la loi, le sol sur lequel l'immeuble était construit, peut, s'il souscrit à la condition du remploi, demander la résiliation de la vente au Tribunal.	50
Vétusté (Indemnité (pour).	Sous conditions de remploi, la somme cor- respondant à la dépréciation résultant de la vétusté est allouée en toute propriété à l'attri- butaire jusqu'à concurrence d'une somme de 10.000 francs ; pour le surplus, il est fait des avances remboursables en vingt-cinq années à partir du dernier versement, avec intérêt au taux de 3 %. En ce qui touche les immeubles servant exclusivement à l'exploitation rurale, la dé- préciation pour vétusté ne pourra excéder 20 % du coût de la construction à la veille de la mobilisation.	5

TABLEAU RÉCAPITULATIF

DES DIVERS DÉLAIS A OBSERVER

pour l'application de la loi du 17 avril 1919

Dans le délai de huitaine.

ART. 10. — Les significations d'oppositions, de cessions et délégations, seront, dans le délai de huitaine, inscrites, à peine de nullité, sur un registre tenu au greffe du Tribunal des dommages de guerre. Passé ce délai, les payements effectués seront valables.

. . . .

ART. 20. — Pour les dommages de guerre causés aux bateliers et entreprises, transports par voies navigables et remorquages, il est dressé procès-verbal de la constatation et ce procès verbal est transmis, dans le délai de huitaine au Président de la Commission spéciale chargée de l'évaluation des dommages.

Dans le délai de quinze jours.

ART. 5. — Dans le délai de quinze jours qui suivra la promulgation de la loi, un règlement d'administration publique, rendu après avis du Conseil supérieur d'hygiène, déterminera les règles qui devront être appliquées à la reconstruction des immeubles et des agglomérations.

. . . .

ART. 24. — Le sinistré devra indiquer dans sa déclaration de dommages, s'il en existe, les noms et domiciles des créanciers hypothécaires, antichrésistes, privilégiés, les bénéficiaires de droit d'usages, d'habitation et de servitude foncière, ainsi que les bénéficiaires de promesse de vente.

Ces créanciers seront informés de la demande par les soins du greffier et seront admis à présenter leurs observations devant la Commission cantonale et le Tribunal des dommages de guerre dans le délai de quinzaine.

. . . .

ART. 55. — L'industriel ou le commerçant qui aura reconstitué totalement ou partiellement son établissement, sera tenu, quinze jours avant la remise en marche de l'établissement, d'en donner avis au Ministre du Travail.

Dans le délai de quinzaine.

ART. 41. — Dans le délai de quinzaine, il est délivré à l'attributaire, sur sa demande, par le greffier de la Commison cantonale ou du Tribunal des dommages de guerre, un extrait pour chacune des décisions qui le concernent.

Dans le délai d'un mois.

ART. 10. — Les oppositions au paiement doivent être formées et les cessions de délégations d'indemnités signifiées entre les mains des trésoriers-payeurs généraux et des receveurs des finances dans le mois qui suivra la fixation définitive de l'indemnité.

. . . .

ART. 12. — Dans le délai d'un mois à partir de la promulgation de la loi, un règlement d'administration publique déterminera le fonctionnement et la procédure de cette Commission qui devra consulter les Conseils municipaux et groupements intéressés.

. . . .

ART. 23. — Le Comité technique est réuni par les soins du Préfet au plus tard dans le mois qui précède la réunion de toute Commission cantonale.

. . . .

ART. 28. — Les parties ont un délai d'un mois à dater du jour de réception de l'avis des décisions de la Commission, pour prendre connaissance, au greffe, de leur dossier et pour porter, s'il ya lieu, leurs contestations devant le Tribunal des dommages de guerre.

. . . .

ART. 40. — Dans le délai d'un mois après la promulgation de la présente loi, il sera statué par décret, rendu sur la proposition du Ministre de la Justice et du Minsitre des Régions libérées, sur les détails de l'organisation et du fonctionnement des greffes près les Commissions cantonales et les Tribunaux des dommages de guerre.

. . . .

ART. 55. — Dans le mois qui suivra la déclaration faite par l'industriel ou le commerçant, de la remise en marche de l'établissement, les ouvriers ou employés pourront reprendre le travai, dans l'ordre de leur inscription et dans la mesure des besoins de l'exploitation.

ART. 56. — Un droit de priorité par préférence à tous autres est accordé aux sinistrés pour l'obtention et le transport des matériaux, matières et matériel, ainsi que pour l'obtention de la main-d'œuvre dont ils auront besoin pour effectuer le remploi.

Ce droit de priorité sera réglementé par un décret qui devra intervenir dans le mois de la promulgation de la loi.

Dans le délai de deux mois.

Art. 10. — Au cas de non remploi, les créanciers privilégiés, hypothécaires ou antichrésistes, ainsi que les créanciers chirographaires et les bénéficiaires d'une promesse de vente, ne peuvent exercer l'action en subrogation dans les droits attribués au débiteur, qu'après un délai de deux mois, à compter de la mise en demeure faite par eux à leur débiteur.

. . . .

Art. 36. — Le délai de recours devant le Conseil d'Etat est de deux mois à dater de la signification par huissier, de la décision.

. . . .

Art. 43. — Lorsqu'une décision définitive est intervenue au sujet d'une ou plusieurs des catégories de dommages énoncées à l'article 2 ou pour les dommages visés à l'article 15, chacun des extraits délivrés à l'attributaire conformément à l'article 41 est, sur sa demande, échangé dans le délai de deux mois, et par les soins du Ministre des Finances, contre un titre constatant le montant de la somme attribuée pour la réparation de la perte subie.

Art. 43. — Dans le délai de deux mois, il est remis à l'attributaire un titre spécial en échange de l'extrait de la décision définitive.

Dans les trois mois.

Art. 13. — Sont en outre accordés pour les biens meubles compris dans les catégories suivantes :
1° Les matières premières et approvisionnements indispensables à une exploitation industrielle dans la mesure de la quantité nécessaire à la remise en marche normale et à la fabrication pendant une période de trois mois.

. . . .

Art. 24. — S'il s'agit de biens appartenant aux communes, et si le maire n'agit pas dans le délai de trois mois, tout contribuable inscrit au rôle de la commune a le droit de déposer une demande tendant à la réparation des dommages causés aux biens de la commune.

. . . .

Art. 42. — Au cours de la procédure d'évaluation de l'indemnité en réparation des dommages subis par les concessionnaires de services publics de l'Etat, des départements et des communes, il pourra être apporté, sur l'initiative de l'autorité concédante ou les concessionnaires, des modifications à la convention et aux cahiers des charges, notamment pour améliorer les conditions d'exploitation, sous réserve des droits et des intérêts des concessionnaires dans le cas où ces modifications aggraveraient les charges de la concession primitive.

A défaut d'accord dans les trois mois qui suivront la décision, le droit de rachat sera ouvert de plein droit à l'autorité concédante.

Dans le délai de six mois.

ART. 15. — (Officiers ministériels). Recouvrement des plus-values.

Première fraction annuelle exigible six mois après l'expiration des cinq années qui suivront l'évaluation décennale.

. . . .

ART. 57. — Les décisions déjà prises par les Commissions cantonales et par les Commissions départementales, pourront faire l'objet de contestations devant le Tribunal des dommages de guerre dans le délai de six mois, à dater de la promulgation de la présente loi.

Dans le délai de deux ans.

ART. 9. — L'attributaire aura un délai de deux ans à partir de la décision portant fixation définitive de l'indemnité pour souscrire à la condition de remploi.

. . . .

ART. 15. — Les demandes de dommages de guerre causés aux officiers publics et ministériels devront être présentées dans un délai de deux ans à compter de la date qui sera fixée par décret pour la cessation des hostilités.

Pendant le même délai de deux ans, l'officier ministériel gravement lésé pourra demander la suppression de son étude ; de même, la chancellerie pourra prononcer la suppression de tout office ministériel qui fait l'objet d'une demande d'indemnité.

. . . .

ART. 37. — L'action en réparation des dommages visés à l'article 2 est prescrite deux ans après la signature de la paix, sauf le cas de force majeure.

. . . .

ART. 45. — Dans le cas où l'attributaire n'a droit qu'au montant de la perte subie, s'il déclare dans le délai de deux ans, devant la Commission cantonale ou devant le Tribunal des dommages de guerre, vouloir destiner l'indemnité à un usage mobilier, agricole, industriel, commercial, ou à l'exercice d'une profession sur un point quelconque du territoire, l'indemnité représentative de la perte subie lui est également versée par acomptes successifs, au fur et à mesure de la justification des travaux exécutés ou des achats effectués.

ART. 51. — La réduction des sommes réclamées à l'attributaire par les mandataires et hommes de l'art ne pourra être demandée ou prononcée d'office que dans le délai de deux ans à compter de la fixation de l'indemnité

Dans le délai de trois années.

ART. 67. — Pendant les trois années qui suivront la cessation des hostilités, les habitants des régions atteintes par les faits de la guerre qui disposeront dans leur habitation personnelle de locaux susceptibles d'être loués ou sous-loués meublés aux visiteurs de passage, pourront, dans chaque commune, former un syndicat sous le régime de la loi du 21 mars 1884.

Dans le délai de cinq ans.

ART. 8. — Si le remploi n'est pas effectué, le paiement de la perte subie est réalisé par la remise au sinistré d'un titre représentant le montant de ce qui lui est dû et productif d'intérêt à 5 % l'an.

Ces titres sont inaliénables pendant cinq ans à dater de la remise aux attributaires ; ils pourront toutefois, pendant ce délai, faire l'objet de cessions.

Après l'expiration du délai de cinq ans, le remboursement du titre est effectué par le paiement en espèces de dix termes annuels égaux, le premier étant exigible à l'expiration de la sixième année et les termes suivants de douze mois en douze mois.

. . . .

ART. 10. — Si, parmi les co-propriétaires d'un bien, ceux qui constituent la majorité en valeur et en nombre déclarent vouloir effectuer le remploi, celui-ci est de droit ; l'indivision est alors prorogée pour une période maximum de cinq ans, à dater de la reconstruction de la chose détruite.

. . . .

ART. 15. — (Officiers ministériels). Si la cession de l'office n'intervient pas au plus tard, dans les cinq années qui suivront l'évaluation décennale, les recouvrements afférents aux plus-values s'effectueront par fractions annuelles d'un cinquième, dont la première sera exigible six mois après l'expiration des cinq années, sans préjudice de l'exigibilité immédiate au cas où une cession interviendrait avant l'amortissement de la dette.

Le titulaire de l'office supprimé ou ses ayants droit recevront la valeur de la charge au jour de la mobilisation, en capitalisant, au taux pratiqué, au moment de la déclaration de guerre par la chancellerie, le produit moyen de l'office pendant les cinq années qui ont précédé la mobilisation.

Dans le délai de dix ans.

Art. 15. — L'Etat récupérera les sommes déboursées en réparation des dommages causés aux offices par un prélèvement de la moitié des plus-values constatées, suivant une évaluation faite dix ans après celle à laquelle il aura été procédé pour la constatation des dommages.

. . . .

Art. 5. — Dans le cas où le remploi n'est pas effectué, si l'immeuble a été l'objet d'une translation de propriété remontant à moins de dix années avant l'ouverture des hostilités et constatée par acte authentique en ayant date certaine, il sera tenu compte du prix porté dans l'acte pour l'évaluation de la perte subie, si ce prix est inférieur à celui de l'évaluation prévue au paragraphe précédent. Le montant de la perte subie ne pourra excéder la valeur vénale de l'immeuble à la veille de la mobilisation.

Dans le délai de vingt-cinq ans.

Art. 5. — Sous condition de remploi, la somme correspondant à la dépréciation résultant de la vétusté est allouée en toute propriété à l'attributaire jusqu'à concurrence d'une somme de 10.000 francs et, pour le surplus, elle fait l'objet, sur la demande de l'attributaire, d'avances remboursables par lui à l'Etat en vingt-cinq années à partir de l'année qui suivra le dernier versement et productives d'un intérêt de 3 %.

Délais.

Art. 34. — Les délais sont comptés et augmentés conformément aux dispositions de l'article 1033 du Code de procédure civile, ainsi conçu :

« Le jour de la signification et celui de l'échéance ne « sont point comptés dans le délai général fixé pour les « ajournements, les citations, sommations et autres actes « faits à personne ou domicile. Ce délai sera augmenté « d'un jour à raison de cinq myriamètres de distance. « Il en sera de même dans tous les cas prévus, en matière « civile et commerciale, lorsqu'en vertu de lois, décrets « ou ordonnances il y a lieu d'augmenter un délai à raison « des distances. Les fractions de moins de quatre myria-« mètres ne seront pas comptées ; les fractions de quatre « myriamètres et au-dessus augmenteront le délai d'un jour « entier. Toutes les fois que le dernier jour d'un délai quel-« conque de procédure, franc ou non, est un jour férié, « le délai sera prorogé jusqu'au lendemain. »

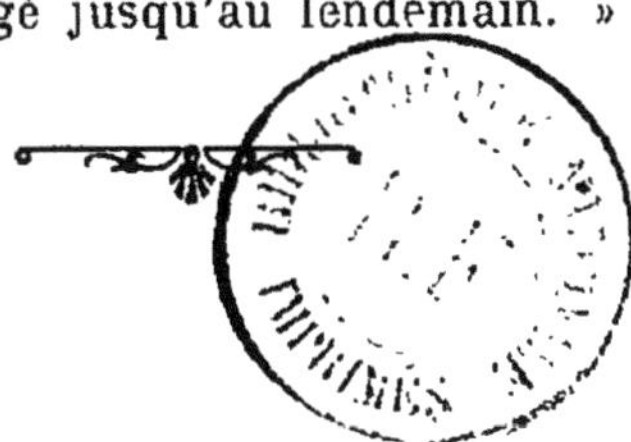

LOI SUR LES DOMMAGES DE GUERRE

LOI

sur la

Réparation des Dommages de Guerre

Promulguée le 17 avril 1919.

TITRE Iᵉʳ

Dispositions générales

Article premier. — La République proclame l'égalité et la solidarité de tous les Français devant les charges de la guerre.

Art. 2. — Les dommages certains, matériels et directs causés, en France et en Algérie, aux biens immobiliers ou mobiliers par les faits de la guerre, ouvrent droit à la réparation intégrale instituée par l'article 12 de la loi du 26 décembre 1914, sans préjudice du droit, pour l'Etat français, d'en réclamer le payement à l'ennemi.

Sont considérés comme dommages résultant des faits de la guerre, notamment :

1º Toutes les réquisitions opérées par les autorités ou troupes ennemies, les prélèvements en nature effectués sous toutes formes ou dénominations, même sous la forme d'occupation, de logement et de cantonnement ainsi que les impôts, contributions de guerre et amendes dont auraient été frappés les particuliers ou les collectivités ;

2º Les enlèvements de tous objets tels que : récoltes, animaux, arbres et bois, matières premières, marchandises, meubles meublants, titres et valeurs mobilières ; les détériorations ou destructions partielles ou totales de récoltes, de marchandises et de tous biens meubles, quels que soient les auteurs de ces enlèvements, détériorations ou destructions ; les

pertes d'objets mobiliers, soit en France, soit à
l'étranger, au cours des évacuations ou rapa-
triements ;

3° Les détériorations d'immeubles bâtis ou
non bâtis, y compris les bois et forêts ; les destructions partielles ou totales d'immeubles bâtis ; les enlèvements, détériorations ou destructions partielles ou totales d'outillages, d'accessoires et d'animaux appartenant à une exploitation commerciale, industrielle ou agricole
qui seront, pour l'application de la présente
loi, considérés comme immeubles par destination, qu'ils appartiennent à l'exploitant ou au
propriétaire de l'immeuble, sans qu'il y ait
lieu de rechercher quels sont les auteurs des
dommages visés au présent paragraphe ;

4° Tous les dommages visés aux paragraphes
précédents causés dans la zone de défense des
frontières ainsi que dans le voisinage des places de guerre et des points fortifiés, sans qu'il
puisse être opposé aux ayants droit aucune
exception tirée des lois et décrets concernant
les servitudes militaires. Toutefois, pour fixer
le montant de l'indemnité, les commissions
d'évaluation devront faire état du caractère
précaire des constructions élevées dans les
zones militaires en contravention aux lois et
règlements ou en vertu d'autorisations subor-
données à l'engagement de démolir à première
réquisition ;

5° Tous les dommages causés aux bateaux
armés à la petite pêche. Un règlement d'administration publique déterminera la procédure
à suivre pour la constatation et l'évaluation du
dommage.

Sont compris dans les dommages visés aux
paragraphes précédents ceux causés par les
armées françaises ou alliées, soit en raison des
mesures préparatoires de l'attaque, des mesures préventives de la défense, des nécessités
de la lutte et de l'évacuation des points mena-
cés, soit en raison des besoins de l'occupation
dans les parties du territoire qui ont été com-
prises dans la zone des armées, en particulier,
de la réquisition, du logement et du cantonnement, le réclamant conservant la faculté d'user
par préférence des dispositions des lois du
10 juillet 1791 et du 3 juillet 1877, des décrets
du 2 août 1877, du 23 novembre 1886 et du
27 décembre 1914.

Les dommages sont constatés et évalués et
l'indemnité est fixée pour chaque sinistré par

catégories, suivant la classification ci-dessus, conformément aux dispositions de la présente loi. Le sinistré a la faculté de produire en même temps ses réclamations pour les diverses catégories de dommages qu'il a subis.

Art. 3. — Sont admis à l'exercice du droit ci-dessus défini : les particuliers et leurs héritiers, les associations, établissements publics ou d'utilité publique, communes, départements.

Les sociétés dont une partie du capital social était détenu par des nationaux des puissances ennemies, à la date du 1er août 1914, devront rembourser à l'Etat, par des retenues sur les dividendes distribués aux porteurs ressortissants des puissances ennemies ou par toutes autres retenues à faire supporter par ces porteurs, la part d'indemnité dont le capital par eux détenu aurait bénéficié.

Un règlement d'administration publique déterminera les conditions d'application du précédent paragraphe.

Le droit à la réparation appartiendra aux étrangers en France et aux naturalisés à qui la qualité de Français a été retirée dans les conditions déterminées par les traités à conclure entre la France et la nation à laquelle ressortissent ou ont ressorti ces étrangers ou ces naturalisés. A titre purement conservatoire, les étrangers seront admis à faire constater et évaluer les dommages dont ils auront souffert.

Une loi spéciale déterminera les conditions dans lesquelles les concessionnaires de voies de communication d'intérêt général seront admis au bénéfice de la présente loi.

TITRE II

De l'indemnité

Art. 4. — L'indemnité, en matière immobilière, comprend le montant de la perte subie, évalué à la veille de la mobilisation et celui des frais supplémentaires nécessités par la reconstitution des immeubles endommagés ou détruits.

L'octroi de ces deux éléments de l'indemnité est subordonné à la condition d'effectuer le remploi suivant les modalités prévues aux articles ci-après.

Dans le cas où le remploi n'est pas effectué, le sinistré reçoit seulement le montant de la perte subie.

Art. 5. — Le montant de la perte subie et celui des frais supplémentaires nécessités par la reconstitution des immeubles sont évalués séparément par les commissions instituées par les articles 20 et suivants de la présente loi.

Pour les immeubles bâtis et les immeubles par destination, le montant de la perte subie est évalué en prenant pour base le coût de construction, d'installation ou de réparation à la veille de la mobilisation, sous déduction de la somme correspondant à la dépréciation résultant de la vétusté, et s'il s'agit d'immeubles reconstruits ou réparés postérieurement à la mobilisation, au jour où ils ont été réparés ou reconstruits.

Dans le cas où le remploi n'est pas effectué, si l'immeuble a été l'objet d'une translation de propriété remontant à moins de dix années avant l'ouverture des hostilités et constatée par acte authentique ou ayant date certaine, il sera tenu compte du prix porté dans l'acte pour l'évaluation de la perte subie, si ce prix est inférieur à celui de l'évaluation prévue au paragraphe précédent. Le montant de la perte subie ne pourra excéder la valeur vénale de l'immeuble à la veille de la mobiliation.

Pour les immeubles visés au second paragraphe du présent article, les frais supplémentaires sont égaux à la différence entre le coût de construction, d'installation ou de réparation à la veille de la mobilisation et celui de la reconstitution d'immeubles identiques au jour de l'évaluation.

Sous condition de remploi, la somme correspondant à la dépréciation résultant de la vétusté est allouée en toute propriété à l'attributaire jusqu'à concurrence d'une somme de dix mille francs (10.000 fr.) et pour le surplus, elle fait l'objet, sur la demande de l'attributaire, d'avances remboursables par lui à l'Etat en vingt-cinq années à partir de l'année qui suivra le dernier versement et productives d'un intérêt de 3 0/0.

Sous la même condition, la dépréciation pour vétusté ne pourra excéder 20 0/0 du coût de la construction à la veille de la mobilisation, en cas d'immeubles servant exclusivement à l'exploitation rurale.

Pour le remboursment de ces avances, l'Etat jouit d'un privilège qui est inscrit au premier rang des privilèges réglementés par l'article 2103 du Code civil.

Le remploi a lieu en immeubles ayant la même destination que les immeubles détruits, ou une destination immobilière, industrielle, commerciale ou agricole, dans la commune du dommage ou dans un rayon de 50 kilomètres, sans sortir de la zone dévastée. Toutefois, dans le cas d'expropriation ou du rachat de terres par l'Etat, le remploi pourra être effectué, en matière agricole, dans l'étendue des régions dévastées.

Les immeubles bâtis doivent être reconstruits conformément aux dispositions prescrites par les lois et règlements sur l'hygiène publique.

Dans le délai de quinze jours qui suivra la promulgation de la présente loi, un règlement d'administration publique, rendu, après avis du conseil supérieur d'hygiène, déterminera les règles qui devront être appliquées à la reconstitution des immeubles et des agglomérations.

Le remploi est considéré comme totalement effectué si l'attributaire a affecté à la reconstruction d'immeubles ou à la reconstitution d'une exploitation une somme égale au montant de l'indemnité à lui attribuée en toute propriété.

Si le remploi n'est que partiel, l'attributaire ne reçoit qu'une fraction des frais supplémentaires correspondant aux sommes employées.

Pour les immeubles non bâtis, le montant de la perte subie est évalué en tenant compte de la détérioration du sol, de la détérioration ou de la destruction des clôtures, des arbres de toutes sortes, des vignes, des plants, du taillis et de la futaie. En cas de reprise d'exploitation, l'attributaire a droit, en outre, au montant des dépenses supplémentaires nécessitées par la remise de la terre dans son état d'exploitation ou de productivité antérieur, par le rétablissement des clôtures, l'enlèvement des souches, les plantations nouvelles ou le repeuplement des bois et forêts.

Les attributaires ont la faculté de mettre en commun leurs droits à l'indemnité ou de les apporter en société en vue de la reconstruction d'immeubles ou de la reconstitution d'exploitations ou d'établissements agricoles, commerciaux ou industriels dans les conditions et dans les limites prévues aux paragraphes précédents.

En cas de fusion ou de mise en société, les droits d'enregistrement ne seront perçus que sur la valeur d'avant-guerre.

Pour les concessionnaires de services publics,

les départements, les communes, établissements
publics ou d'utilité publique, l'indemnité ne
peut dépasser le montant des frais de reconstruction de l'immeuble avec l'affectation anté-
rieure.

Pour les concessionnaires de mines, l'octroi
des indemnités prévues au présent article est
subordonné à la condition de la reprise de l'exploitation, à moins que l'impossibilité de la reprendre ne soit dûment établie, auquel cas l'indemnité est seulement du montant de la perte
subie.

Art. 6. — La reconstitution d'un immeuble
bâti ou la reprise d'une exploitation pourra être
interdite d'office par le tribunal des dommages
de guerre si elle est reconnue irréalisable ou
contraire à l'intérêt économique ou à la santé
publique.

Art. 7. — Dans le cas où le remploi n'est
pas effectué, l'indemnité est cependant calculée
en y comprenant le montant de la perte subie
et les frais supplémentaires. Le sinistré reçoit le
montant de la perte subie.

Les frais supplémentaires de reconstitution
seront, dans les conditions déterminées par la
loi de finances, attribués à un fonds commun
pour être employés au profit des régions sinistrées.

Art. 8. — Si le remploi n'est pas effectué, le
payement de la perte subie est réalisé par la
remise au sinistré d'un titre représentant le
montant de ce qui lui est dû et productif d'intérêt à 5 0/0 l'an.

Ces titres sont inaliénables pendant cinq ans
à dater de la remise aux attributaires ; ils pourront toutefois, pendant ce délai, faire l'objet de
cessions sur autorisation motivée du tribunal
civil donnée en chambre du conseil, le ministère public entendu. Il pourra être appelé de la
décision de première instance devant la cour,
qui statuera en chambre du conseil et comme
en matière sommaire.

Sera nulle toute aliénation effectuée en violation des dispositions qui précèdent ; la nullité sera prononcée à la requête du ministre des
finances.

Après l'expiration du délai de cinq ans, le
remboursement du titre est effectué par le payement en espèces de dix termes annuels égaux,
le premier étant exigible à l'expiration de la
sixième année, et les termes suivants, de douze
mois en douze mois.

Les attributaires qui s'engageront dans les conditions prévues par les articles 9, 44 et 45 de la présente loi à effectuer le remploi ou à réinvestir leur indemnité obtiendront des versements en espèces, suivant les modalités prévues par lesdits articles.

Art. 9. — L'attributaire aura un délai de deux ans, à partir de la décision portant fixation définitive de l'indemnité, pour souscrire à la condition de remploi. Il devra fournir à l'appui de son engagement, en vue de faciliter le calcul des frais supplémentaires, un projet des travaux à exécuter ou des achats à effectuer avec devis estimatif.

Art. 10. — Si, parmi les copropriétaires d'un bien, ceux qui constituent la majorité en valeur et en nombre déclarent vouloir effectuer le remploi, celui-ci est de droit ; l'indivision est alors prorogée pour une période maximum de cinq ans à dater de la reconstruction de la chose détruite, sur la demande des copropriétaires qui déclarent vouloir effectuer le remploi. En cas de partage, le remploi sera de droit.

En matière de société, le remploi sera de droit, s'il est décidé dans les conditions de vote prévues aux statuts.

Le remploi est également de droit s'il est voulu, soit par le nu-propriétaire, soit par l'usufruitier ou l'emphytéote, soit par le bénéficiaire d'une promesse de vente.

Pendant la durée de l'usufruit ou du bail emphytéotique, le remboursement des annuités qui peuvent être dues à l'Etat, dans les conditons prévues au paragraphe 5 de l'article 5, est pour moitié à la charge du nu-propriétaire et pour moitié à celle de l'usufruitier ou de l'emphytéote.

Le créancier privilégié, hypothécaire ou antichrésiste, ne peut s'opposer au remploi, ni exiger le payement de sa créance en argent qu'à l'échéance fixée par le contrat initial, prorogée sans frais d'une période correspondant à l'interruption de la jouissance.

Les créanciers privilégiés, hypothécaires ou antichrésistes, les usufruitiers, les emphytéotes, les titulaires d'un droit réel d'usage ou d'habitation, les bénéficiaires d'une promesse de vente ont leurs droits reportés sur la chose reconstituée, sous réserve du privilège consenti à l'Etat par le paragraphe 7 de l'article 5.

Au cas de non-remploi, les créanciers privilégiés, hypothécaires ou antichrésistes, ainsi que les créanciers chirographaires et les bénéficiaires d'une promesse de vente peuvent, avec l'autorisation du tribunal civil, donnée en chambre du conseil, après avis du ministère public, le débiteur entendu, et en souscrivant aux conditions du remploi au lieu et place du débiteur, être subrogés dans les droits attribués à ce dernier par la présente loi pour la reconstitution de leur gage. Le bénéfice de cette subrogation n'appartient aux étrangers en France que dans les conditions prévues au paragraphe 4 de l'article 3.

Les créanciers ne peuvent exercer l'action qui leur est réservée qu'après un délai de deux mois à compter de la mise en demeure faite par eux à leur débiteur. Au cas de demande introduite par l'ayant droit, l'intéressé en est avisé par les soins du greffier de la commission cantonale.

En cas de non-remploi, l'indemnité est attribuée aux créanciers privilégiés, hypothécaires ou antichrésistes, suivant leur rang, et aux bénéficiaires d'une promesse de vente, sans qu'il y ait besoin de délégation expresse et dans les conditions prévues à l'article 43.

Les oppositions au payement doivent être formées et les cessions et délégations d'indemnités signifiées entre les mains des trésoriers-payeurs généraux et des receveurs des finances dans le mois qui suivra la fixation définitive de l'indemnité. Elles seront, dans le délai de huitaine, inscrites, à peine de nullité, sur un registre tenu au greffe du tribunal des dommages de guerre. Passé ce délai, les payements effectués sont valables.

Dans le cas d'usufruit, il en est tenu compte dans l'immatriculation du titre de rente délivré à l'attributaire.

Si l'immeuble est grevé de droits d'usage où d'habitation ou de servitudes foncières, l'indemnité est répartie entre le propriétaire et les bénéficiaires de ces droits, au prorata de la valeur relative de leurs droits rspectifs, dans les proportions et aux conditions établies par l'administration de l'enregistrement pour les droits dus en matière successorale

Art. 11. — Lorsque le remploi n'est pas effectué par l'attributaire, les propriétaires intéressés peuvent, pour l'exécution de travaux ayant une utilité collective, former des associations syndicales autorisées, dans les formes et conditions fixées par les lois des 21 juin 1865 et 22 décembre 1888. Dans le cas où la commune ne figure pas parmi les propriétaires présumés intéressés, le maire a néanmoins entrée à l'assemblée générale, mais avec voix consultative seulement.

Art. 12. — S'il s'agit d'édifices civils ou cultuels, l'indemnité consiste dans les sommes nécessaires à la reconstruction d'un édifice présentant le même caractère, ayant la même importance, la même destination et offrant les mêmes garanties de durée que l'immeuble détruit.

Cette importance et ces garanties seront déterminées sur la demande des intéressés ou d'office par la commission spéciale ci-après indiquée.

En cas de contestation, il est statué par le tribunal des dommages de guerre.

Le ministre de l'instruction publique et des beaux-arts statue, après avis favorable de la même commission, sur la conservation et la consolidation des ruines et, éventuellement, sur la reconstruction, en leur état antérieur, des monuments présentant un intérêt national d'histoire ou d'art. Des subventions, à ce destinées, sont inscrites au chapitre du budget du ministère de l'instruction publique et des beaux-arts.

Si la reconstruction n'est pas autorisée sur l'emplacement des ruines, l'indemnité comprend les sommes nécessaires à l'acquisition du nouveau terrain.

La commission prévue ci-dessus est composée de deux sénateurs, élus par le Sénat ; de trois députés, élus par la Chambre ; de deux membres de l'Académie française, de deux membres de l'Académie des inscriptions et belles-lettres, de deux membres de l'Académie des beaux-arts, désignés par leurs Compagnies ; d'un membre du conseil supérieur des beaux-arts, d'un membre du conseil général des bâtiments civils, de deux membres de la commission des monuments historiques, élus par leurs collègues ; d'un délégué du ministre de l'instruction publique et des beaux-arts ; d'un délégué du ministre des finances ; d'un délégué du ministre de l'intérieur ; d'un délégué du ministre du travail ; d'un délégué du ministre chargé de la reconstitution des régions libérées ; d'un représentant de chaque culte intéressé à la réparation des édifices, désigné par le ministre de l'intérieur, et de six personnalités artistiques, désignées par le ministre de l'instruction publique et des beaux-arts.

Dans le délai d'un mois, à partir de la promulgation de la présente loi, un règlement d'administration publique déterminera le fonctionnement et la procédure de cette commission qui devra consulter les conseils municipaux et groupements intéressés.

Art. 13. — Les dommages causés aux biens meubles sont réparés dans la mesure de la perte subie évaluée à la date du 30 juin 1914 pour les meubles, autres que les produits agricoles et, pour ces derniers, à la date de la maturité de la récolte. Toutefois, pour les meubles achetés ou produits postérieurement au 30 juin 1914, l'évaluation de la perte subie est faite d'après le prix d'achat ou le coût de production si ceux-ci peuvent être établis.

Les biens meubles n'ayant pas une utilité industrielle, commerciale, agricole, professionnelle ou domestique ne pourront en aucun cas recevoir une estimation supérieure à la valeur attribuée soit par des ventes soit par des inventaires, déclarations de successions ou tous autres actes dans lesquels il en aurait été fait une évaluation, pourvu que ces actes ne remontent pas à plus de dix ans. A défaut d'un de ces actes, l'évaluation aura lieu conformément au paragraphe 1er.

L'indemnité accordée pour réparer les dommages causés aux matières premières et aux approvisionnements de l'industrie sera payée suivant le mode prévu par l'article 8 toutes les fois que l'attributaire, s'il a subi des dommages immobiliers, n'aura pas souscrit à la condition du remploi et toutes les fois que le remploi n'aura pas été interdit.

Les frais supplémentaires représentant la différence entre la perte subie et la valeur de remplacement — calculée en tenant compte, soit du prix de remplacement si celui-ci a été dûment effectué, soit de la valeur de remplacement au jour de l'évaluation s'il n'est pas encore réalisé — sont en outre accordés pour les biens meubles compris dans les catégories suivantes :

1° Les matières premières et approvisionnements indispensables à une exploitation industrielle dans la mesure de la quantité nécessaire à la remise en marche normale et à la fabrication pendant une période de trois mois, ainsi que les produits en cours de fabrication et les objets servant à l'exercice d'une profession ;

2° Les animaux, lorsqu'ils ne sont pas considérés comme immeubles par destination, ainsi que les engrais, semences, récoltes et produits divers nécessaires à la remise en culture, à l'ensemencement des terres et à la nourriture des animaux des exploitations agricoles jusqu'à la prochaine récolte ;

3° L'outillage servant à l'exploitation des fonds de commerce ou à l'exercice de la profession ainsi que les produits et marchandises nécessaires à assurer la marche du commerce ou de l'industrie pendant une période de trois mois ;

4° Le mobilier de l'habitation, meubles meublants, literie, linge, effets personnels ; les objets d'agrément dont la valeur, pour chacun, ne dépassait pas 3.000 francs, lors de la déclaration de guerre.

Art. 14. — Les dommages causés par la perte de titres ou de coupons de rente de l'Etat français sont réparés par l'attribution de titres ou coupons de même nature donnés en remplacement.

S'il s'agit de titres ou coupons français autres que ceux émis par l'Etat ou de titres ou coupons étrangers, dont la restitution n'a pu être obtenue en France par les moyens légaux, les dommages sont réparés dans la mesure de la perte subie, évaluée d'après le dernier cours coté avant le jour de la fixation de l'indemnité, ou, à défaut de cotation, par une estimation directe. l'Etat français étant subrogé dans les droits des attributaires pour poursuivre la restitution de leurs titres ou coupons et conservant, dans tous les cas, la faculté de se libérer par la remise de titres ou coupons de même nature.

Art. 15. — Les dommages de guerre immédiats, directs et certains, causés aux officiers publics et ministériels sont réparés dans la mesure de la perte subie, égale à la différence entre la valeur de l'office au jour de la mobilisation et sa valeur au jour des évaluations.

Les demandes devront être présentées dans un délai de deux ans à compter de la date qui sera fixée par décret pour la cessation des hostilités.

L'évaluation du préjudice est appréciée souverainement par le tribunal des dommages de guerre après avis de la chambre de discipline ou du bureau de la cour d'appel ou du tribunal civil.

L'Etat récupérera les sommes déboursées en réparation des dommages causés aux offices par un prélèvement de la moitié des plus-values constatées, suivant une évaluation faite dix ans après celle a laquelle il aura été procédé pour la constatation des dommages.

Le recouvrement prévu à l'alinéa précédent s'opérera lors de la cession qui suivra l'évaluation décennale ; mais il portera intérêt au taux légal, qui courra à compter de cette dernière évaluation et sera payable annuellement.

Toutefois, si la cession de l'office n'intervient pas, au plus tard, dans les cinq années qui suivront l'évaluation décennale, les recouvrements afférents aux plus-values s'effectueront par fractions annuelles d'un cinquième, dont la première sera exigible six mois après l'expiration des cinq années, sans préjudice de l'exigibilité immédiate au cas où une cession interviendrait avant l'amortissement de la dette.

Pendant le même délai de deux ans, l'officier ministériel gravement lésé pourra demander la suppression de son étude ; de même, la chancellerie pourra prononcer la suppression de tout office ministériel qui fait l'objet d'une demande d'indemnité, sur réquisition du ministère public, après avis, dans les deux cas, de la chambre de discipline ou du bureau et de la cour d'appel ou du tribunal de la situation statuant en chambre du conseil.

Le titulaire de l'office supprimé ou ses ayants droit recevront la valeur de la charge au jour de la mobilisation, en capitalisant, au taux pratiqué, au moment de la déclaration de guerre, par la chancellerie, le produit moyen de l'office pendant les cinq années qui ont précédé la mobilisation.

En cas de suppression d'un office, l'indemnité payée par l'Etat sera, en totalité ou en partie, mise à la charge, par décision du garde des sceaux, des officiers ministériels appelés à bénéficier de la mesure, dans la proportion indiquée par la cour ou le tribunal, après avis de la chambre de discipline et après que la valeur comparative d'avant et d'après-guerre de ces offices grevés de restitution aura été établie.

Le recouvrement des sommes mises à la charge des officiels ministériels bénéficiaires de la suppression, ne pourra être exercé que sur la moitié de la plus-value de leur office.

Ce recouvrement s'exercera selon les modalités indiquées aux 4°, 5° et 6° alinéas du présent article.

Les évaluations décennales par une commission composée d'un conseiller à la cour d'appel ou d'un membre du tribunal civil président, désignés par le premier président de la cour d'appel, d'un agent de l'administration des contributions directes et d'un agent de l'administration de l'enregistrement désignés par le ministre des finances, de deux membres de la chambre de discipline s'il en existe, désignés par la cour ou le tribunal. Il sera adjoint à cette commission, en qualité de secrétaire, un greffier choisi parmi les titulaires en exercice ou ayant exercé les fonctions pendant dix ans.

Toutes les créances de l'Etat en recouvrement sur les p'us-values des offices seront conservées par un privilège spécial sur la change. Ce privilège sera inscrit sur un registre spécial tenu par le bureau des officiers ministériels du ministère de la justice.

En cas de suppression d'un office de notaire, il ne sera pas tenu compte des dispositions de l'article 32 de la loi du 25 ventôse an XI ; un décret indiquera les notaires qui auront le droit d'instrumenter dans tous les cantons dont tous les offices auraient été supprimés.

Art. 16. — Les prescriptions de l'article 10 concernant la conservation des droits réels, s'appliquent en matière mobilière, soit aux objets de remplacement, soit à l'indemnité en tenant lieu.

Art. 17. — Lorsque des mesures conservatoires ont été prises pour éviter des dommages, tant immobiliers que mobiliers, ou pour empêcher leur aggravation, une indemnité sera accordée en remboursement des dépenses dûment justifiées.

Art. 18. — Les indemnités attribuées conformément aux dispositions du présent titre ne peuvent se cumuler avec aucune autre indemnité reçue à l'occasion des mêmes faits, sinon avec les sommes que l'Etat français aura recouvrées sur l'ennemi en vertu des conventions et des traités, pour les dommages de toute nature qui n'auront pas été réparés ou qui ne l'auront été que partiellement par la présente loi.

Les sommes attribuées pour la construction d'abris provisoires pour les personnes, les animaux ou les meubles ne sont pas déduites du montant de l'indemnité.

Dans le cas où l'attributaire a contracté une assurance le garantissant contre les risques de guerre, l'indemnité sera calculée sous déduction des sommes dues par l'assureur, mais il sera tenu compte des primes payées. En aucun cas les compagnies d'assurances ne pourront exercer de recours contre l'Etat.

Art. 19. — L'attributaire pourra obtenir, en vue d'une construction provisoire et dans les conditions de la présente loi, la délivrance d'acomptes dont le total ne pourra dépasser le tiers du montant de l'indemnité. En ce cas, le surplus de l'indemnité sera, sur la demande de l'intéressé, capitalisé à 5 0/0 par les soins du Trésor jusqu'au rétablissement de la créance initiale et la somme ainsi obtenue versée à l'attributaire sous condition de construction définitive, conformément aux dispositions de la présente loi relatives au payement.

TITRE III

De la Juridiction

Art. 20. — Les dommages visés par la présente loi sont constatés et évalués par des commissions cantonales, créées à cet effet, conformément aux dispositions ci-après :

Dans chaque département intéressé, des arrêtés préfectoraux fixent : le délai dans lequel il sera procédé à la constitution des commissions cantonales, le nombre de ces commissions pour chaque canton, le siège et le ressort de chacune d'elles et la date à laquelle devront commencer les opérations.

Si la situation ou l'état de certaines communes l'exige, le siège d'une commission pourra être fixé dans une commune d'un département voisin par arrêté du ministre des régions libérées.

Lorsque le lieu où le dommage s'est produit n'est pas connu et que, d'autre part, il n'est pas possible de procéder à la constatation de ce dommage dans le ressort de la commission cantonale déjà constituée, la constatation et l'évaluation du dommage seront faites par une commission spéciale, dont la composition sera la même que celle des commissions cantonales et qui aura son siège à Paris.

Le tribunal des dommages de guerre de la Seine sera compétent pour statuer sur les recours formés contre les décisions prises par la commission dont il s'agit.

Si l'objet du dommage s'étend sur plusieurs

cantons, la compétence appartient à la commission du canton où est située la partie principale.

Pour l'instruction et d'appréciation des dommages de guerre causés aux bateliers et entreprises de transports par voies navigables et remorquage, il est institué une commission spécial siégant à Paris, au ministère des travaux publics. Si le lieu du dommage est connu et que le dommage soit possible à constater, il est procédé à cette constatation par la commission cantonale du lieu du dommage, si l'intéressé en fait la demande, et en sa présence. Il est dressé procès-verbal de la constatation et ce procès-verbal est transmis dans le délai de huitaine au président de la commission spéciale chargée de l'évaluation du dommage.

Les recours formés contre les décisions prises par cette commission spéciale sont portés devant le tribunal des dommages de guerre de la Seine.

Art. 21. — Les commissions cantonales sont composées de cinq membres :

1° Un président, choisi dans le ressort de la Cour d'appel par le premier président, et, à défaut, en dehors du ressort, par le ministre de la justice parmi les juges des tribunaux civils et les juges de paix ou les anciens magistrats des tribunaux civils et de commerce ayant dix années de fonctions, les avocats régulièrement inscrits depuis dix ans au moins, les anciens avoués et les anciens notaires ayant exercé pendant le même temps ou ayant exercé successivement pendant dix ans leur profession d'avocat ou d'officier ministériel et des fonctions dans la magistrature ;

2° Un délégué désigné par les ministres des finances et des régions libérées ;

3° Un architecte, entrepreneur ou ingénieur ;

4° Un commissaire-priseur, greffier ou ancien greffier, négociant en meubles, ou toute autre personne possédant une compétence spéciale pour l'évaluation des meubles meublants et effets mobiliers ;

5° Un agriculteur, ou un industriel, ou un commerçant, ou un ouvrier de métier appelés à siéger suivant les cas et la nature des dommages à évaluer.

Les membres de la commission autres que le président et le délégué du ministre des finances sont désignés par le tribunal civil siégeant en chambre du conseil, qui désignera en même temps, dans chaque catégorie, un ou plusieurs suppléants.

Le tribunal nomme, pour remplir le rôle de greffier auprès de chaque commission, un secrétaire choisi parmi les greffiers ou anciens greffiers, commis ou anciens commis greffiers, et secrétaires ou anciens secrétaires de mairie, ou, à défaut, parmi toutes autres personnes qui lui paraîtront justifiées.

La commission ne pourra statuer valablement que si le président et trois membres titulaires ou suppléants assistent à la séance.

Art. 22. — Lorsqu'il s'agit de dommages causés aux exploitations de mines, minières ou carrières, aux bois et forêts ou aux étangs, la commission est ainsi composée : un président désigné comme il est dit à l'article précédent, un délégué du ministre des finances, deux membres choisis par voie de tirage au sort parmi les exploitants de mines, de bois ou d'étangs et un agent des travaux publics ou des eaux et forêts, désigné par les ministres intéressés, et un délégué mineur, suivant la nature des dommages à évaluer.

Lorsqu'il s'agit de dommages causés aux bateliers, entreprises de transports par voies navigables et remorquage, la commission est ainsi composée : un président désigné par le premier président de la cour de Paris comme il est dit à l'article précédent, un délégué du ministre des finances, un délégué du ministre des travaux publics, un constructeur de bateaux ou un batelier. Ces deux derniers membres sont désignés par le comité consultatif de navigation intérieure qui désignera en même temps, dans chaque catégorie, un ou plusieurs suppléants.

Art. 23. — Dans chaque département, un comité technique est institué pour établir ou faire établir en matière d'immeubles par des personnes ou des associations compétentes des séries de prix destinées à faciliter, d'une part, le calcul de la perte subie et, d'autre part, la détermination des frais supplémentaires de reconstitution et de la valeur de remplacement.

Ce comité est réuni par les soins du préfet au plus tard dans le mois qui précède la réunion de toute commission cantonale. Il comprend, outre le préfet ou son représentant, un délégué du ministre des travaux publics, un délégué du ministre des régions libérées ; les présidents et vice-présidents des tribunaux et chambres de commerce, des associations et comités agricoles, des conseils de prud'hommes du département ; un membre du conseil départemental des bâtiments civils désigné par cette compagnie ; un membre de chacune des sociétés d'architectes et d'ingénieurs existant dans le département.

Les séries de prix sont mises à la disposition des commissions d'évaluation et des tribunaux compétents; qui peuvent en user pour l'évaluation des dommages et la fixation des indemnités.

Art. 24. — Les intéressés sont admis, dès la publication de l'arrêté préfectoral prononçant l'ouverture des opérations des commissions, à déposer leurs demandes avec pièces à l'appui entre les mains du greffier de la commission cantonale compétente qui délivrera du tout un récépissé.

Ils peuvent aussi effectuer ce dépôt à la mairie, à la préfecture ou à la sous-préfecture de l'arrondissement du dommage. L'administration préfectorale, après examen du dossier, le transmet avec son avis au greffe de la commission cantonale, dans le délai de quinzaine.

Le sinistré devra indiquer, s'il en existe, les noms et domiciles des créanciers hypothécaires, antichrésistes, privilégiés, les bénéficiaires de droits d'usage, d'habitation et de servitude foncière, ainsi que les bénéficiaires de promesses de vente.

Ces créanciers seront informés de la demande par les soins du greffier et seront admis à présenter leurs observations devant la commission cantonale et le tribunal des dommages de guerre dans le délai de quinzaine.

S'il s'agit de biens appartenant aux communes et si le maire n'agit pas dans le délai de trois mois, tout contribuable inscrit au rôle de la commune a le droit de déposer une demande tendant à la réparation des dommages causés aux biens de la commune.

Art. 25. — Dans les causes qui intéressent les femmes mariées, les incapables, les absents, et généralement dans tous les cas où il est pourvu à l'administration du patrimoine par curateur ou administrateur légal ou judiciaire, ainsi que dans les successions bénéficiaires, l'exercice des droits et actions résultant de la présente loi s'effectuera suivant les règles du droit commun, sous les réserves ci-après :

1° Les tuteurs des mineurs et des interdits et les curateurs des mineurs émancipés n'auront devant les juridictions compétentes qu'à justifier d'une délibération motivée du conseil de famille de l'incapable ;

2° La constatation, par la juridiction saisie, de l'impossibilité ou du refus du mari d'assister sa femme, même dotale ou commune en biens, suffira à habiliter celle-ci pour tous les actes de la procédure, ainsi que pour l'exécution des décisions rendues.

Toutefois, les modalités du remploi devront respecter les droits de jouissance du mari tels qu'ils résultent du régime matrimonial ;

3° Les administrateurs légaux ou judiciaires, tels que le père, administrateur légal, ou le curateur aux biens de l'absent, ainsi que l'héritier bénéficiaire, sont dispensés de toute autorisation préalable en justice.

Dans les cas visés aux trois alinéas précédents, comme aussi au cas de réparation d'un dommage causé à un bien dotal inaliénable, même si la femme est autorisée de son mari, la décision des commissions compétentes devra toujours être soumise au tribunal des dommages de guerre qui statuera.

Art. 26. — Lorsque le sinistré justifie qu'il n'est en mesure de faire procéder à l'évaluation que d'une partie des dommages causés à ses biens, la commission compétente pourra, sur sa demande, surseoir à statuer aux opérations ou bien procéder à des constatations et évaluations partielles.

Art. 27. — Le greffier convoque les parties. Il informe de cette convocation les créanciers hypothécaires, antichrésistes, privilégiés, les bénéficiaires des droits d'usage, d'habitation et de servitude foncière, ainsi que les bénéficiaires de promesse de vente, le tout par pli recommandé avec avis de réception. L'Etat est appelé en la personne du préfet ou de son délégué.

Le président peut faire compléter les dossiers.

La commission entend les parties et les intéressés. Elle peut entendre également toutes personnes ayant une compétence spéciale pour l'évaluation de certains dommages et ordonner toutes expertises et mesures d'instruction qui lui paraîtraient utiles. Elle peut se transporter sur les lieux et déléguer, à cet effet, deux ou plusieurs de ses membres.

Les parties peuvent se faire assister ou représenter par un membre de leur famille, parent ou allié, ou par un avocat inscrit au barreau, ou par un officier ministériel.

Sont applicables à la présente loi les dispositions des articles 269 de la loi du 12 juillet 1905 et 96 de la loi du 13 juillet 1911.

Art. 28. — La commission s'efforce de concilier les parties, constate, s'il y a lieu, leurs accords, et décide s'ils doivent être homologués. Dans ce cas, la conciliation est acquise; il en est établi un procès-verbal motivé et l'évaluation est définitive.

Dans le cas de non-conciliation, la commission dresse procès-verbal des demandes et dires des parties et de leur désaccord. Elle constate la réalité et l'importance des dommages, par catégories, conformément à l'article 2 de la présente loi, avec une évaluation distincte pour chacun des éléments qui les constituent.

Le greffier adresse aux parties, par pli recommandé avec accusé de réception, un avis sommaire des décisions de la commission, et les prévient en même temps qu'elles ont un délai d'un mois à dater du jour de réception de cet avis pour prendre connaissance, au greffe, de leur dossier, et pour porter, s'il y a lieu, leurs contestations devant le tribunal des dommages de guerre.

Ce tribunal est saisi par une déclaration inscrite par les parties ou leur mandataire muni d'un pouvoir spécial, sur un registre tenu par le greffier dudit tribunal, qui délivrera récépissé de la déclaration.

Le procès-verbal de la commission cantonale, l'état des lieux et toutes les pièces du dossier sont alors transmis par le greffier de cette commission au greffe du tribunal des dommages de guerre.

Art. 29. — Il est créé, à titre temporaire, au chef-lieu de chacun des arrondissements dans lesquels ont été constituées des commissions cantonales, un tribunal des dommages de guerre.

Si, par suite de circonstances, un tribunal ne peut pas être établi à son siège, il sera provisoirement installé dans un arrondissement voisin.

Le tribunal peut être divisé en autant de chambres que les besoins le comportent. Les affaires sont distribuées par le président de la première chambre ; les affaires concernant le même canton sont, autant que possible, distribuées à la même chambre.

Chaque chambre de ce tribunal est composée :

1° D'un président, désigné par décret, sur la proposition du ministre de la justice, parmi les magistrats honoraires ou en activité des cours d'appel et des tribunaux de première instance ;

2° De deux membres et de deux suppléants désignés dans les mêmes conditions que le président et choisis parmi les magistrats en activité ou honoraires des cours d'appel et des tribunaux de première instance et des conseils de préfecture, les anciens bâtonniers de l'ordre des avocats, les professeurs des facultés de droit, les anciens présidents de l'ordre des avocats au Conseil d'Etat et à la Cour de cassation, des chambres d'avoués et de notaires ;

3° De deux membres et de deux suppléants tirés au sort, au début de chaque session de deux mois, sur une liste de vingt membres désignés par le conseil général.

Le tribunal ne peut statuer valablement que si trois membres sont présents, y compris le président.

Le tribunal est assisté d'un greffier nommé par arrêté du ministre de la justice.

Art. 30. — Le tribunal prononce sur la réalité et l'importance des dommages, par autant de décisions distinctes qu'il y a de catégories, conformément à l'article 2 de la présente loi, avec une évaluation distincte pour chacun des éléments qui les constituent.

Il statue sur toutes les questions s'y rattachant, et fixe définitivement le montant des indemnités.

Si les règles instituées par la présente loi et par les décrets et arrêtés rendus pour son exécution n'ont pas été observées, il annule les opérations irrégulières, soit d'office, soit sur la demande des intéressés. Lorsque l'annulation est prononcée, le tribunal peut, suivant les circonstances et l'état du dossier, renvoyer l'affaire devant la commission cantonale ou procéder lui-même à l'évaluation des dommages et à la fixation de l'indemnité.

Le tribunal statue sur mémoires et en dernier ressort après rapport par l'un des juges. Les parties peuvent, sur leur demande, présenter elles-mêmes de brèves observations orales ou les faire présenter par un membre de leur famille, parent ou allié, par un avocat régulièrement inscrit, par un officier ministériel dans sa circonscription, par le délégué d'une

association de sinistrés régulièrement constituée.

Le rapport sera lu et le jugement prononcé en
audience publique.

Art. 31. — Il est alloué aux membres des commissions cantonales et du tribunal des dommages de guerre, ainsi qu'à leurs greffiers, des
indemnités qui seront fixées par arrêté pris d'accord entre le ministre de la justice, le ministre
des finances et le ministre des régions libérées.

Art. 32. — Tout moyen de preuve, même par
simples présomptions, est admis pour établir la
réalité et l'importance des dommages, quels-
qu'ils soient, visés par la présente loi.

Les parents et les domestiques peuvent être
entendus comme témoins.

La commission cantonale et le tribunal des
dommages de guerre peuvent ordonner la délivrance des extraits, expéditions, copies d'actes
publics ou privés, de registres et de livres de
commerce, et en général de toutes pièces propres à établir la réalité et à permettre l'évaluation du dommage.

Ils fixent les délais dans lesquels les en-
quêtes, expertises et autres mesures d'instruction doivent être terminées. Les experts qui ne
se conformeront pas au délai qui leur est im-
parti peuvent être révoqués.

Art. 33. — S'il y a litige sur le fonds du droit
ou sur la qualité de l'attributaire et toutes les
fois qu'il s'élève des difficultés étrangères à la
fixation du montant de l'indemnité, l'indemnité
est réglée indépendamment des litiges et difficultés sur lesquels les parties sont renvoyées
à se pourvoir devant qui de droit.

Art. 34. — Les délais sont comptés et augmentés conformément aux dispositions de l'article 1033 du Code de procédure civile.

Art. 35. — Les décisions, ainsi que les extraits ou copies, grosses ou expéditions qui en
seront délivrés, et spécialement tous les actes
de procédure auxquels donnera lieu l'application
de la présente loi devant les commissions cantonales et devant le tribunal des dommages de
guerre sont dispensés des formalités du timbre
et de l'enregistrement. Ils porteront la mention
expresse qu'ils sont faits en exécution de la
présente loi.

Toutefois, au cas où les parties produiraient
à l'appui de leurs prétentions soit des actes non-
enregistrés et qui seraient du nombre de ceux

dont les lois ordonnent l'enregistrement dans un délai déterminé, soit des actes et titres rédigés sur papier non timbré, contrairement aux prescriptions des lois sur le timbre, la commission cantonale ou le tribunal des dommages de guerre devront, conformément à l'article 16 de la loi du 23 août 1871, ordonner d'office le dépôt de ces actes au greffe pour y être immédiatement soumis à la formalité de l'enregistrement ou du timbre.

Art. 36. — Les décisions du tribunal des dommages de guerre peuvent être l'objet d'un recours devant le Conseil d'Etat, pour incompétence, excès de pouvoir ou violation de la loi.

Le délai est de deux mois à dater de la signification par huissier de la décision, à la requête de la partie la plus diligente. Le recours est déposé au greffe du tribunal des dommages de guerre.

La décision qui prononce l'annulation désigne un tribunal pour statuer à nouveau sur la demande d'indemnité.

Art. 37. — L'action en réparation des dommages visés à l'article 2 est prescrite deux ans après la signature de la paix, sauf le cas de force majeure.

Si les commissions et le tribunal institués par la présente loi sont dissous au moment où l'action est introduite, elle sera portée devant le conseil de préfecture sauf recours au Conseil d'Etat.

Art. 38. — Les fonctions de membre d'un tribunal des dommages de guerre sont incompatibles avec celles de membre d'une commission cantonale, avec la qualité d'attributaire dans le ressort du tribunal et l'exercice d'un mandat électif.

Art. 39. — Est tenue au secret professionnel, dans les termes de l'article 378 du Code pénal, et passible des peines prévues audit article, toute personne appelée, à l'occasion de ses fonctions ou attributions, à intervenir dans la procédure instituée par la présente loi.

Art. 40. — Dans le délai d'un mois après la promulgation de la présente loi, il sera statué, par décret, rendu sur la proposition du ministre de la justice et du ministre des régions libérées, sur les détails de l'organisation et du fonctionnement des greffes près les commissions cantonales et les tribunaux des dommages de guerre.

Art. 41. — Il est délivré à l'attributaire, sur sa demande et dans le délai de quinzaine, par le greffier de la commission cantonale ou du tribunal des dommages de guerre, un extrait pour chacune des décisions qui le concernent. Cet extrait porte indication du nom de l'attributaire, de la catégorie et de la nature des dommages, du montant de la perte subie, et s'il y a lieu de la somme correspondant à la dépréciation résultant de la vétusté et des frais supplémentaires de reconstitution ou de remplacement.

Des certificats de non-appel et de non-pourvoi devant le Conseil d'Etat sont délivrés dans les mêmes conditions par les greffiers des commissions cantonales et des tribunaux des dommages de guerre.

Art. 42. — Au cours de la procédure d'évaluation de l'indemnité en réparation des dommages subis par les concessionnaires de services publics de l'Etat, des départements et des communes, il pourra être apporté, sur l'initiative de l'autorité concédante ou les concessionnaires, des modifications à la convention et aux cahiers des charges, notamment pour améliorer les conditions d'exploitation, sous réserve des droits et des intérêts des concessionnaires dans le cas où ces modifications aggraveraient les charges de la concession primitive. A défaut d'accord dans les trois mois qui suivront la décision, le droit de rachat sera ouvert de plein droit à l'autorité concédante.

Il sera procédé au rachat dans les conditions fixées par le cahier des charges si le rachat est prévu, et dans le cas contraire, à dire d'experts, en se basant dans tous les cas sur les résultats de l'exploitation des cinq dernières années ayant précédé l'année 1914. L'autorité concédante sera, en cas de rachat, subrogée de plein droit au concessionnaire dans les droits ouverts par la présente loi.

TITRE IV

du Payement

Art. 43. — Lorsqu'une décision définitive est intervenue au sujet d'une ou plusieurs des catégories de dommages énoncées à l'article 2 ou pour les dommages visés à l'article 15, chacun des extraits délivrés à l'attributaire conformément à l'article 41 est, sur sa demande, échangé dans le délai de deux mois et par les soins du ministre des finances, contre un titre constatant le montant de la somme attribuée pour la réparation de la perte subie. Ce titre n'est pas négociable ; il peut faire l'objet d'avances dans les conditions qui seront déterminées par arrêtés pris par les ministres des finances et des régions libérées ; il peut également, avec l'autorisation motivée du tribunal civil donnée en chambre du conseil après avis du ministère public, être transporté conformément aux prescriptions des articles 1680 et suivants du Code civil ou remis en nantissement aux termes des articles 2071 et suivants du même Code.

L'attributaire qui effectue le remploi dans les conditions et suivant les modalités prévues aux articles 4 et 5 de la présente loi, ou qui use ultérieurement de la faculté qui lui est réservée par l'article 9 reçoit, dans les mêmes conditions, un titre complémentaire indiquant le montant des frais supplémentaires qui lui sont attribués.

Un titre complémentaire analogue est délivré pour l'excédent de la valeur de remplacement sur le montant de la perte subie en ce qui concerne les biens meubles visés aux nos 1 à 4 du paragraphe 4 de l'article 13. Pour les meubles visés aux trois premiers numéros dudit paragraphe, la remise du titre complémentaire est subordonnée à la reprise de l'exploitation.

Donnent lieu à la délivrance d'un titre spécial constatant le droit de l'attributaire à l'avance prévue par le paragraphe 5 de l'article 5 de la présente loi, les sommes correspondant à la dépréciation résultant de la vétusté qui sont indiquées par l'extrait de la décision définitive.

Dans le délai de deux mois, il est remis un titre spécial en échange de l'extrait de la décision définitive concernant la réparation, en capital et intérêts à 5 0/0 l'an, à dater du jour où s'est produit le dommage, des prélèvements en espèces, amendes et contributions de guerre imposés par les autorités ou les troupes ennemies. Les sommes dues de ce chef sont, sur la présentation de ce titre, versées en espèces à l'attributaire.

Art. 44. — Si l'attributaire procède au remploi en ce qui concerne soit les immeubles, dans les conditions prévues aux articles 4 et 5, soit les biens meubles, ou s'il prend, devant la commission cantonale ou le tribunal des dommages de guerre, l'engagement de procéder à ce remploi ou à cette reconstitution, il a droit, sans justification, dans le délai de deux mois à dater de la remise du titre, à un premier acompte de 25 0/0 sur la somme allouée pour la perte subie, sans que cet acompte puisse être inférieur à 3.000 francs, si la perte subie est égale ou supérieure à ce chiffre, ni supérieur à 100.000 francs, à moins qu'il ne justifie devant le tribunal des dommages de guerre d'un emploi ou de besoins immédiats plus considérables, notamment par la production de quittances, comptes, factures, notes de livraisons ou commandes acceptées par les fournisseurs.

Le solde du montant de la perte subie lui est versé par acomptes successifs, au fur et à mesure de la justification des travaux exécutés ou des achats effectués, dans les conditions prévues au paragraphe précédent. Chacun des versements a lieu dans le délai de deux mois de la justification.

Quand le payement de la perte subie est totalement effectué, le montant des frais supplémentaires est versé dans les mêmes conditions, sur la présentation du titre complémentaire.

Il en est de même pour l'excédent de la valeur de remplacement sur le montant de la perte subie en ce qui concerne les biens meubles visés aux nos 1 à 4 du paragraphe 4 de l'article 13.

Les sommes allouées à l'attributaire pour la réparation des dommages causés aux meubles visés au paragraphe 2 de l'article 13 de la présente loi, seront payées après épuisement de toutes autres sommes dues audit attributaire à quelque titre que ce soit.

Si, après affectation du montant des frais supplémentaires à la reconstruction d'immeubles ou à la reconstitution d'une exploitation, l'attributaire use de la faculté qui lui est réservée par le paragraphe 5 de l'article 5, la somme correspondant à la dépréciation résultant de la vétusté lui est versée sur la présentation du titre spécial, au fur et à mesure des justifications d'emploi.

Indépendamment de l'application des dispositions ci-dessus et avant toute évaluation des dommages de guerre, il peut être alloué aux sinistrés, pour répondre aux besoins les plus urgents, des avances dont les conditions d'attribution sont fixées de concert par le ministre des régions libérées et par le ministre des finances.

Art. 45. — Dans le cas où l'attributaire n'a droit qu'au montant de la perte subie, s'il déclare dans le délai de deux ans, devant la commission cantonale ou devant le tribunal des dommages de guerre, vouloir destiner l'indemnité à un usage mobilier, agricole, industriel, commercial, ou à l'exercice d'une profession sur un point quelconque du territoire, l'indemnité représentative de la perte subie lui est également versée par acomptes successifs, au fur et à mesure de la justification des travaux exécutés ou des achats effectués.

Sauf les cas prévus par l'article 3, si l'attributaire ne destine pas l'indemnité à un usage immobilier, agricole, industriel, commercial ou à l'exercice d'une profession, le payement est fait en dix termes annuels égaux, le premier terme étant payable trois mois après la remise du titre de créance et les termes suivants de douze en douze mois.

Art. 46. — L'Etat peut se libérer par l'un des moyens suivants, si les attributaires y consentent :

En ce qui concerne les immeubles par nature, par la dation d'un autre immeuble de même nature et de même valeur situé dans le canton du dommage ou les cantons limitrophes ;

En ce qui concerne les immeubles par destination et les meubles ayant une utilité industrielle, commerciale, agricole, professionnelle ou domestique, par une fourniture similaire de même valeur;

En ce qui concerne les autres meubles, par la remise d'objets mobiliers de même nature et de même valeur.

L'Etat peut également se libérer pour totalité ou partie en faisant exécuter à ses frais les travaux de restauration des immeubles endommagés ou en fournissant les matériaux pour cette restauration.

Il a également la faculté de se rendre acquéreur, pour tout ou partie, des immeubles endommagés ou détruits. A défaut d'accord amiable le prix est déterminé suivant les règles prescrites au titre précédent pour l'évaluation de l'indemnité, en tenant compte de la valeur du sol et en y comprenant tous les éléments prévus au cas de remploi, si le vendeur prend l'engagement de l'effectuer dans les conditions précisées à l'article 5 de la présente loi. Le payement aura lieu, suivant les cas, comme il est dit aux articles 44 et 45.

L'Etat devra se rendre acquéreur des immeubles, après tentative de conciliation, si la remise en état du sol dépasse la valeur du terrain, déprécié dans son utilisation, en tenant compte, s'il y a lieu, de la dépréciation qui pourrait en résulter pour le surplus de l'immeuble, en cas d'acquisition partielle.

L'Etat a, dans tous les cas et à tout moment, la faculté de se libérer par anticipation.

Si l'attributaire est débiteur de l'Etat à quelque titre que ce soit, même pour le payement de ses contributions, la somme ainsi due par lui sera, sur sa demande, imputée à valoir sur le montant de son indemnité et ne sera pas exigible avant que ce montant ait été déterminé.

Art. 47. — Les sommes dues par l'Etat pour la réparation de la perte subie, à l'exception de celles dues pour les dommages causés aux maisons de plaisance et aux meubles visés au paragraphe 2 de l'article 13, produisent, à partir du 11 novembre 1918, un intérêt de 5 0/0 l'an qui est payé trimestriellement et en espèces à l'attributaire.

Toutefois, pour les dommages causés aux marchandises, récoltes, produits, approvisionnements, et à celles des matières premières, qui ne bénéficient pas des dispositions du paragraphe 4 nos 1, 2 et 3 de l'article 13, les intérêts courent six mois après la date du dommage.

Pour les dommages causés à ces marchandises, récoltes, produits et approvisionnements et à ces matières premières pendant l'occupation ennemie, on prendra la date de l'invasion.

Art. 48. — Le payement des indemnités, des intérêts et des avances sera effectué directement par l'Etat ou sous sa garantie. Au cas où l'Etat ferait appel au concours d'établissements financiers, les conventions passées seront soumises à la ratification des Chambres.

TITRE V

Dispositions diverses

Art. 49. — En cas de remploi et de réinvestissement, le droit à indemnité peut être cédé ou délégué, dans les conditions prévues par les articles 1689 et suivants du Code civil, avec l'autorisation motivée du tribunal civil donnée en chambre du conseil après avis du ministère public ; les actes constatant la cession ou la délégation sont exempts de tous droits de timbre et d'enregistrement.

La même disposition est applicable lorsque la cession est faite à une société de crédit immobilier, à une coopérative ou à une société d'habitations à bon marché ayant assumé les charges de la reconstitution de l'immeuble, ou encore à l'une des sociétés ou œuvres de bienfaisance spécialement agréées à cet effet par le ministre chargé de la reconstitution des régions libérées.

Lorsque les attributaires d'une indemnité ont cédé leur droit à une société d'habitations à bon marché, celle-ci peut leur consentir les prêts nécessaires à la reconstitution de l'immeuble, sans qu'ils aient ni à justifier de la possession d'une valeur équivalente au cinquième du montant du prêt, ni à fournir une garantie hypothécaire, ni à contracter une assurance sur la vie.

Art. 50. — L'attributaire qui a, antérieurement à la promulgation de la présente loi, vendu le sol sur lequel l'immeuble était construit, peut, s'il souscrit à la condition de remploi, demander au tribunal civil, statuant en chambre du conseil, la résiliation de la vente, à charge par lui de rembourser à son acquéreur le prix payé et les loyaux coûts du contrat.

Art. 51. — Le tribunal des dommages de guerre a compétence pour réduire souverainement et en dernier ressort, même d'office, nonobstant toute convention contraire, les sommes réclamées à l'attributaire par les mandataires et hommes de l'art auxquels il aurait eu recours pour la défense de ses intérêts ainsi que par les experts.

La réduction ne pourra être demandée ou prononcée d'office que dans le délai de deux ans à compter de la fixation de l'indemnité.

Les sommes payées sont sujettes à répétition.

Art. 52. — Peut être déchu à tout moment, en totalité ou en partie, du droit à indemnité :

1° Tout individu condamné contradictoirement ou par contumace pour un des crimes ou délits prévus par les articles 204, 205, 206, 208, 238 et 239 du Code de justice militaire, pour l'armée de terre, ou par les articles 262, 263, 264, 265, 316 et 317 du Code de justice militaire pour l'armée de mer ;

2° Tout Français ou tout sujet français insoumis ou déserteur pendant la guerre. Dans ce dernier cas, comme dans celui de condamnation par contumace prévu au paragraphe ci-dessus, la déchéance du droit à indemnité sera rapportée de plein droit si l'insoumis, le déserteur ou le contumax bénéficient ultérieurement d'un jugement d'acquittement pour le crime ou délit qui a entraîné le prononcé de la déchéance. Ni la prescription de la peine, ni la prescription du crime ou délit ne pourront relever les intéressés de cette déchéance.

Art. 53. — Peut être déchu à tout moment en totalité ou partie, du droit à indemnité :

1° L'attributaire qui aura fait de l'indemnité un usage contraire aux conditions de remploi auxquelles elle est subordonnée ;

2° L'attributaire qui aura cédé ou compromis contrairement aux dispositions de l'article 1321 du Code civil ;

3° Tout réclamant qui aura négligé volontairement de déclarer qu'il a déjà reçu une indemnité provenant d'une assurance ou qui aurait intentionnellement fait une fausse déclaration.

Dans ces trois cas, la réclamation des sommes indûment cédées ou perçues sera, en outre, poursuivie.

Art. 54. — Les déchéances prévues aux articles 52 et 53 sont prononcées par les tribunaux ordinaires à la requête du ministère public , à l'exception de la déchéance prévue au 1° de l'article 53, qui est prononcée par le tribunal des dommages de guerre, à la requête du représentant de l'Etat.

Art. 55. — L'industriel ou le commerçant qui aura reconstitué totalement ou partiellement son établissement dans les conditions prévues au titre II de la présente loi sera tenu, quinze jours avant la remise en marche de l'établissement, d'en donner avis au ministre du travail, qui lui délivrera récépissé et prendra toutes dispositions utiles pour porter cet avis à la connaissance des ouvriers ou employés qu'occupait l'industriel ou le commerçant. Dans le mois qui suivra la déclaration, les ouvriers ou employés pourront reprendre le travail dans l'ordre de leur inscription et dans la mesure des besoins de l'exploitation.

Art. 56. — Un droit de priorité, par préférence à tous autres, est accordé aux sinistrés, pour l'obtention et le transport des matériaux, matières premières et matériel, ainsi que pour l'obtention de la main-d'œuvre dont ils auront besoin pour effectuer le remploi. Ce droit de priorité sera réglementé par un décret qui devra intervenir dans le mois de la promulgation de la présente loi.

Art. 57. — A titre transitoire, les décisions déjà prises par les commissions cantonales, conformément aux dispositions des articles 3 à 8 du décret du 20 juillet 1915, et par les commissions départementales, conformément aux dispositions des titres II et III du même décret, seront, sur la demande soit du préfet, soit des attributaires ou de leurs ayants droit, revisées et complétées s'il y a lieu, suivant les prescriptions de la présente loi. Elles pourront, en tout cas, faire l'objet de contestations devant le tribunal des dommages de guerre, dans le délai de six mois à dater de la promulgation de la présente loi.

Art. 58. — Si des sociétés se constituent en vue de relever les établissements ou les immeubles détruits, elles recevront, au cas de non-remploi par l'allocataire, même à défaut de cession consentie par lui, le montant des frais supplémentaires, au lieu et place du fonds commun institué au paragraphe 2 de l'article 7 de la présente loi.

Art. 59. — Les frais de réfection du cadastre, de délimitation, et s'il y a lieu, de remembrement nécessités par les faits de la guerre sont à la charge de l'Etat.

Art. 60. — Les frais de déblaiement de tous les immeubles, de recherche et d'enlèvement des projectiles non éclatés sont également à la charge de l'Etat, qui pourra y procéder d'office, d'accord avec la municipalité, sans autorisation des propriétaires. L'Etat devient propriétaire des matériaux.

L'Etat sera responsable des accidents que pourrait produire l'explosion de projectiles non éclatés.

Art. 61. — Les frais d'établissement des plans d'alignement et de nivellement des voies publiques de toutes catégories qui devront être dressés en vue de la reconstitution des immeubles détruits dans les communes ou les parties de communes atteintes par les faits de la guerre sont à la charge de l'Etat.

Des subventions inscrites au budget du ministère chargé de la reconstitution des régions libérées, pourront, pour les dépenses d'application immédiate des plans d'alignement et de nivellement, être accordées par le ministre aux communes, en ce qui concerne les voies dont le sol leur appartient, et aux départements, en ce qui concerne les routes départementales.

Ces subventions seront notamment applicables
à l'acquisition des terrains nus ou des bâtiments
actuellement ruinés ou gravement endommagés
compris dans les alignements. Le prix d'acquisition de ces terrains et bâtiments sera, à défaut
d'entente amiable, fixé par un jury composé de
quatre jurés dans les conditions fixées par l'article 16 de la loi du 21 mai 1836, quel que soit
le caractère de la voie publique à laquelle ces
terrains et bâtiments doivent être incorporés.

Le taux desdites subventions sera déterminé
suivant un barème fixé en un décret contresigné
par le ministre des finances et par le ministre
des régions libérées.

Art. 62. — Les dépenses résultant des amélio-
rations apportées à l'hygiène publique des agglomérations, par application du règlement d'administration publique prévu à l'article 5, sont à
la charge de l'Etat.

Art. 63. — Les sommes restant dues par les
communes, en France, sur les emprunts contrac-
tés par elles pour des faits de guerres anté-
rieures sont prises en charge par l'Etat, à dater
de la promulgation de la présente loi.

Art. 64. — Une loi spéciale réglera les droits
et obligations résultant des baux concernant
les immeubles atteints par les faits de guerre
ainsi que ceux des places fortes ou localités
dont les habitants ont été évacués par l'autorité militaire.

Art. 65. — Une loi spéciale réglera les conditions dans lesquelles sera ouvert le droit à
réparation des dommages causés aux fonds de
commerce.

Art. 66. — Une loi spéciale déterminera les
conditions dans lesquelles s'exercera le droit
à la réparation :

1° Des dommages résultant des faits de la
guerre causés aux personnes ;

2° Des dommages dont quiconque aurait eu
à souffrir sur sa personne ou sur ses biens,
par suite d'accidents qui se seront produits ;

a) Dans les arsenaux, manufactures, dépôts
de munitions de l'Etat ;

b) Dans les usines privées travaillant pour
la défense nationale, lorsque la réparation n'en
pourra être obtenue par le recours du droit
commun, l'Etat sera subrogé aux droits, actions
et privilèges de la victime du dommage, pour le
recouvrement des avances qu'il aura dû con-

sentir à celle-ci en vue de subvenir à ses besoins les plus urgents.

Art. 67. — Pendant les trois années qui suivront la cessation des hostilités, les habitants des régions atteintes par les faits de la guerre qui disposeront dans leur habitation personnelle de locaux susceptibles d'être loués ou sous-loués meublés aux visiteurs de passage pourront, dans chaque commune, former un syndicat sous le régime de la loi du 21 mars 1884.

Les logements offerts devront répondre aux conditions prescrites par la commission départementale d'hygiène et seront soumis à son contrôle.

La liste de ces logements avec les conditions de prix, approuvées par l'office national du tourisme, sera tenue à la disposition de tous demandeurs à la mairie.

Art. 68. — La présente loi est applicable aux colonies et pays de protectorat. Un règlement d'administration publique déterminera les conditions de cette application.

Les indemnités accordées pour la réparation des dommages causés par les faits de la guerre dans les colonies seront imputées sur les crédits ouverts au budget général de l'Etat.

Art. 69. — Le premier paragraphe de l'article 4 de la loi du 5 juillet 1917, relative à la constatation de l'état des lieux susceptibles de donner ouverture à la réparation des dommages de guerre est complété ainsi qu'il suit :

« Toutefois, quand l'expert de l'Etat aura été désigné par le préfet dans les conditions fixées par l'article 1er, le procès-verbal de la visite et l'état descriptif des lieux seront déposés à la préfecture. Il sera délivré un récépissé de dépôt. »

Art. 70. — Sont et demeurent abrogés les décrets du 4 février 1915, modifié par les décrets en date des 8 et 27 avril 1915, du 24 mars 1915, modifié par le décret en date du 22 avril 1915, et du 20 juillet 1915, ainsi que toutes les dispositions contraires à la présente loi.

RENSEIGNEMENTS GÉNÉRAUX

pour les

HABITANTS DES RÉGIONS LIBÉRÉES

A qui faut-il s'adresser ?

1º Pour faire remettre votre maison en état d'habitabilité provisoire ?

Au Chef de district du Service des travaux de première urgence qui, dans la mesure de ses possibilités, fera exécuter les réparations ou bien vous délivrera des matériaux si vous pouvez faire les réparations vous-même.

2º Pour avoir un logement provisoire ou un bâtiment provisoire d'exploitation agricole, votre maison étant irréparable ?

A la Préfecture (Secrétaire général à la Reconstitution), qui attribue les baraques ou abris provisoires et les fait installer par le Service des travaux de première urgence.

3º Pour faire enlever les projectiles et les engins dangereux ou suspects ?

Au Chef de district du Service des travaux de première urgence, qui fera inscrire le travail demandé, s'il n'est déjà inscrit dans le programme établi, et en confiera l'exécution à l'autorité militaire à qui il appartient de l'exécuter.

4º Pour faire le déblaiement et la remise en état du sol ?

A la Préfecture (Service de la Reconstitution définitive, 3e section dirigée par l'ingénieur du Génie rural), s'il s'agit d'exploitations agricoles ou de bâtiments situés dans une agglomération rurale.

A la Préfecture (Service de la reconstitution définitive, 2e section dirigée par l'architecte départemental), s'il s'agit de bâtiments situés dans une agglomération urbaine.

A la Préfecture on fera inscrire le travail demandé, s'il n'est déjà inscrit dans le programme établi, et on en confiera l'exécution au Service des travaux de première urgence.

5º Pour avoir des chevaux, des harnais, des machines agricoles, du bétail, des semences, des engrais ?

A la Société tiers-mandataire de reconstitution agricole de votre département, qui vous procurera, dans la mesure de ses disponibilités, des chevaux, des harnais, des machines agricoles, du bétail, des semences, des engrais, à titre d'avance sur les indemnités qui vous sont dues pour dommages de guerre.

6° Pour faire labourer vos terres par une batterie de tracteurs ?

Au Directeur des Services agricoles de votre département. S'il n'y a pas de batterie de tracteurs aux environs de votre résidence, il faut, pour pouvoir en obtenir l'envoi, justifier d'une surface labourable de 2.000 hectares dans un rayon de 10 kilomètres.

7° Pour avoir de la main-d'oeuvre ?

Au Chef du district du Service des travaux de première urgence ou au Chef de canton agricole du Service des travaux de première urgence, qui vous en procureront dans la mesure des disponibilités.

8° Pour avoir des conseils techniques pour la remise en culture ?

Au Directeur des Services agricoles de votre département ou au Chef de canton agricole du Service des travaux de première urgence

9° Pour la reconstruction définitive des bâtiments ?

S'il s'agit d'un bâtiment d'exploitation agricole ou d'un bâtiment quelconque situé dans une agglomération rurale :
A la Préfecture (Service de la Reconstitution définitive, 3e section, Génie rural).
S'il s'agit de bâtiments situés dans une agglomération urbaine :
A la Préfecture (Service de Reconstitution définitive, 2e section, Services d'architecture).

10° Pour tous renseignements concernant les dommages de guerre ?

A la Préfecture (Service des dommages de guerre).

Séries de prix établies par le Comité technique départemental.

Les intéressés trouveront dans les bureaux des Mairies les séries de prix ou prix courants établis par le Comité technique départemental, institué en exécution de l'article 23 de la Loi du 17 avril 1919. Ces séries de prix sont destinées à faciliter d'une part, le calcul de la perte subie, et d'autre part, la détermination des frais supplémentaires de reconstitution et de la valeur de remplacement.

Ces séries de prix restent toutefois soumises à l'entière liberté d'appréciation des Commissions cantonales qui pourront opérer soit des rabais soit des majorations (Circulaire ministérielle du 19 avril 1919, n° 49.).

NOTE I.

Vous pourrez vous procurer les noms et adresses des fonctionnaires visés dans la présente notice en vous adressant :

au Maire de votre commune (ou à l'Agent local du Service de reconstitution),
ou, à défaut, au Maire du chef-lieu de votre canton,
ou, à défaut, au Sous-Préfet de votre arrondissement,
ou, à défaut, au Secrétaire général à la Reconstitution de la préfecture de votre département.

Vous trouverez cependant ci-après les adresses actuelles des Sociétés tiers-mandataires de reconstitution agricole :

Société coopérative anonyme du Pas-de-Calais envahi, 5, rue des Promenades, à Arras.

Société de Reconstitution agricole de l'Oise, 4, rue Jules-Ferry, à Beauvais.

Société coopérative agricole du Nord envahi, 2, rue Saint-Bernard, à Lille.

Société de Reconstitution agricole de la Somme, Préfecture de la Somme, à Amiens.

Syndicat des Agriculteurs des Ardennes, 223, rue Saint-Honoré, à Paris, et à la Préfecture de Mézières-Charleville.

Société de Reconstitution agricole de l'Aisne, 28, rue Saint-Lazare, à Paris, et 28, rue Vinchon, à Laon.

Société de Reconstitution agricole de Meurthe-et-Moselle, 24, rue de Strasbourg, à Nancy.

Société coopérative de l'Union agricole, horticole et viticole de la Marne, 4, boulevard Vaubécourt, à Châlons-sur-Marne.

Pour la **Meuse** et les **Vosges**, s'adresser au Directeur des Services agricoles à la Préfecture.

NOTE II.

Vous pouvez consulter utilement certaines notices éditées par le Ministère des Régions libérées ; vous pourrez vous les procurer en les demandant au maire de votre commune, ou au maire du chef-lieu de votre canton, ou au sous-préfet de votre arrondissement, ou à la Société tiers-mandataire de reconstitution agricole de votre département :

Notice à l'usage des réfugiés sur les conditions de délivrance des sauf-conduits et les autorisations individuelles·

de retour, à destination des régions libérées ou précédemment évacuées ainsi que sur les moyens de transport gratuit des personnes, des bagages et du petit mobilier des réfugiés (éditée par le Ministère des Régions libérées, Service de la réorganisation de la vie locale, janvier 1919).

Notice à l'usage des personnes désirant obtenir des moyens de transports par fer dans la zone des régions libérées ou évacuées (éditée par le Ministère des Régions libérées, Service des transports généraux, 26 février 1919).

Notice à l'usage des sinistrés concernant l'allocation d'acomptes et d'avances sur indemnités de dommages de guerre (éditée par le Ministère des Régions libérées, Service de la réorganisation de la vie locale, février 1919).

Notice sur l'organisation d'un régime de secours temporaire aux habitants privés de ressources des régions libérées (éditée par le Ministère des Régions libérées, Service de la réorgansiation de la vie locale, janvier 1919).

Notice sur les conditions de délivrances d'avances en nature ou en espèces pour la reconstitution du mobilier indispensable à la réinstallation des habitants dans les régions libérées (éditée par le Ministère des Régions libérées, Service de la réorganisation de la vie locale, janvier 1919).

Circulaires n° 22 du 21 octobre 1918 et n° 33 du 20 février 1919, relatives au régime d'avances pour fonds de roulement aux agriculteurs (modèle de demandes d'avances et d'état de pertes à établir). (Circulaires du Ministères de Régions libérées, Service des dommages de guerre et de la comptabilité).

Notice à l'usage des sinistrés sur la reconstitution d'urgence des moyens d'habitation (éditée par le Ministère des Régions libérées, janvier 1919).

Notice de la Mission des Associations agricoles sur les avantages du groupement et de l'association des agriculteurs (éditée par l'Office de reconstitution agricole, janvier 1919).

Circulaire relative au régime d'avances pour fonds de roulement aux petits commerçants, artisans locaux et petits industriels des régions libérées. (Avances ne pouvant dépasser la somme de 3.000 francs).

Circulaire du 21 février 1919 relative au régime d'avances pour fonds de roulement aux industriels et chefs d'entreprises sinistrés (à soumettre à l'avis du Chef de secteur). Les avances allouées totalisées avec les autres avances faites à d'autres titres au profit de l'industriel ne sauraient, en aucun cas, dépasser 75 % de la valeur des dommages, sous réserve de la vérification qui en sera faite par M. le Chef de secteur.

Circulaire du 22 février 1919, relative au régime spécial d'avances pour la reconstitution du mobilier professionnel ainsi que des instruments ou des approvisionnements indispensables à l'exercice de certaines professions (médecins, pharmaciens, vétérinaires, officiers ministériels et publics, etc....). — (Maximum de l'avance, 10.000 francs).

Circulaire du 25 avril 1919 relative à l'institution d'un régime d'avances pour frais d'établissement des dossiers de déclaration de dommages de guerre et pour constitution d'un fonds de roulement aux Sociétés coopératives de reconstruction. Ces avances peuvent atteindre 2 % pour le sinistré. Si ce dernier fait partie d'une Société coopérative de reconstruction, l'avance pourra atteindre 4 % du montant approximatif des dommages à charge par le bénéficiaire d'en verser le montant à ladite Société, en vue de la constitution d'un premier fonds de roulement.

Circulaire du 26 avril 1919, instituant un nouveau régime d'avances pour la construction de bâtiments semi-provisoires (art. 17 de la loi du 17 avril 1919). (Maximum de l'avance, 4.500 francs). (Avis de M. l'Architecte ou de M. l'Ingénieur rural).

Circulaire du 27 avril, instituant un régime spécial d'avances aux cultivateurs sinistrés dont les terres sont incultivables pour la reprise d'autres exploitations dans un rayon de 50 kilomètres (avis de M. l'Ingénieur du Génie rural sur l'état de la propriété précédemment exploitée par le pétitionnaire).

ALLOCATION D'ACOMPTES *et* D'AVANCES

sur indemnités de dommages de guerre.

I. Acomptes. — Les demandes tendant à l'allocation d'acomptes sur indemnités de dommages de guerre doivent être adressées au Préfet du département où le dommage s'est produit.

Elles ne sont suceptibles d'être accueillies que si la Commission cantonale prévue par l'article 4 du décret du 20 juillet 1915 a constaté et évalué les dommages (1).

Toute demande d'acompte doit contenir les renseignements suivants :

Nom et prénoms du sinistré ; domicile, profession, nationalité ;

Lieu où s'est produit le dommage ;

Motifs de la demande d'acompte ;

Besoins urgents susceptibles de justifier la délivrance d'acomptes ;

Emploi que le pétitionnaire entend faire de la somme demandée (fournir à ce sujet renseignements détaillés sur les achats, travaux ou autres dépenses qu'on se propose d'effectuer, ainsi que l'évaluation de chacune de ces dépenses ; joindre, s'il y a lieu, des pièces justificatives, telles que devis ou documents analogues) ;

Indication détaillée des sommes ou objets que le pétitionnaire a déjà reçus à divers titres (acomptes en numéraire ; avances en nature, telles que semences, engrais, instruments agricoles, chevaux, bestiaux, objets d'outillage industriel, etc.. ; abris provisoires, matériaux pour reconstruction, payement de réquisitions, etc.).

Les acomptes ne sont accordés qu'aux sinistrés dont la situation est de nature à en justifier la délivrance, à l'exclusion des personnes qui, en dehors du dommage éprouvé, quelle qu'en soit l'importance, se trouvent en état d'attendre le règlement qui aura lieu après le vote de la loi actuellement soumise aux délibérations du Parlement.

Ils ne sont alloués que pour faire face à des besoins urgents, à l'exclusion de toutes dépenses ou travaux ayant un caractère somptuaire ou susceptibles d'ajournement.

---

(1) Les dommages sont constatés et évalués dans les conditions indiquées par l'arrêté préfectoral ouvrant l'enquête, publié et affiché dans les communes sinistrées. Il peut être procédé, en vertu de la loi du 5 juillet 1917, à des constatations provisoires, mais *sans évaluation.*

Le montant des acomptes est fixé d'après les besoins réels dont il est justifié, sans pouvoir dépasser le maximum de 50 p. 100 de l'évaluation de la Commission cantonale dans les cas ordinaires, et de 75 p. 100 pour certains objets présentant un intérêt exceptionnel (spécialement pour la reconstruction de bâtiments d'exploitation rurale, etc.).

Ce maximum peut être porté au chiffre de 90 p. 100 pour ces mêmes travaux lorsque l'exécution en est confiée à une *Société coopérative de reconstruction.*

II Avances en nature et en espèces pour la réparation d'urgence des immeubles réparables. — Les travaux de réparation d'urgence aux immeubles partiellement détruits qui sont reconnus réparables, ainsi que la délivrance de matériaux ou d'avances en espèces aux sinistrés dans le même but, peuvent être effectués, par application d'un régime spécial d'avances en nature et en espèces sur indemnités de dommages, dans les conditions ci-après :

1º *Exécution des travaux de réparation d'urgence par les soins de l'Administration.* — Sur la demande des sinistrés, les agents locaux du Service technique de reconstitution procèdent à l'examen attentif des immeubles pour lesquels l'intervention de l'Administration est sollicitée, en vue de vérifier si les travaux demandés pour ces immeubles rentrent bien dans la catégorie de ceux que le Service de reconstitution peut se charger d'effectuer.

Ces travaux doivent essentiellement présenter un caractère urgent et conservatoire, et avoir pour objet soit la remise en état d'habitabilité, soit la préservation de l'immeuble (réfection des toitures, remplacement des portes et fenêtres, réfection des parties de maçonnerie dont la destruction serait de nature à entraîner la ruine de l'édifice, etc.).

Les travaux envisagés peuvent comporter en outre des travaux de déblaiement, de démolition et de tri de matériaux.

La limitation antérieurement formulée au cinquième de valeur de l'immeuble est abrogée.

Une fois la demande admise, il est procédé à l'exécution des travaux par les moyens dont dispose le Service, sur engagement par écrit du sinistré de renoncer à toute revendication d'indemnité pour la partie de ses dommages réparée en nature, ou d'accepter l'imputation de la valeur des travaux sur sa future indemnité de dommages de guerre.

2º *Délivrance de bons de matériaux.* — Lorsque les sinistrés sont en situation d'exécuter eux-mêmes, ou par leurs propres moyens, les travaux de réparation d'urgence, il peut leur être délivré des matériaux par l'Administration au moyen de bons de matériaux.

Ces délivrances de matériaux doivent être consenties aussi largement que les besoins réels le comportent, sans s'arrêter au maximum de 1.500 francs antérieurement fixé, mais seulement en tenant la main à ce qu'elles ne s'appliquent qu'à des travaux urgents de remise en état et de préservation des immeubles.

3° *Délivrance d'avances en espèces.* — Des avances en espèces peuvent également être délivrées aux lieu et place des bons de matériaux, lorsque les intéressés se déclarent en situation de faire exécuter matériellement leurs travaux par leurs propres moyens, y compris la fourniture des matériaux.

Il n'est pas fixé de chiffre maximum pour ces avances en espèces, mais l'importance doit en être exactement proportionnée aux besoins urgents, tels qu'ils viennent d'être définis pour la délivrance des matériaux.

La limite maximum dans cet ordre d'idées doit donc être calculée d'après la dépense nécessaire pour l'exécution des travaux urgents indispensables, rentrant dans les indications ci-dessus.

Les agents techniques du Service ont à apprécier quelle est la somme réellement nécessaire pour l'exécution des travaux urgents indispensables, et le Préfet statue.

La somme allouée ne doit d'ailleurs être délivrée au bénéficiaire de l'avance que par fractions successives, au fur et à mesure de l'avancement des travaux, et moyennant justification mensuelle de l'emploi des fonds par la production de mémoires.

Elle peut également être employée, si le sinistré fait exécuter ses travaux par un entrepreneur, à régler directement cet entrepreneur.

Le montant des avances délivrées, comme la valeur des matériaux fournis, sont imputés au compte du sinistré. à valoir sur sa future indemnité de dommages.

Recommandation. — Pour éviter toute perte de temps dans l'instruction des demandes, il est recommandé aux sinistrés de les remettre directement aux agents locaux du Service technique de reconstitution, ou au maire de leur commune qui devra les faire parvenir, dans le moindre délai, à ces agents techniques.

III. Avances en nature et en espèces pour la reconstitution du mobilier indispensable à la réinstallation des habitants dans les régions libérées. — Comme suite à l'institution du régime d'avances en nature ou en espèces ci-dessus exposé, pour la réparation d'urgence des immeubles réparables, un régime analogue a été institué pour la reconstitution des objets mobiliers nécessaires à la réinstallation des habitants dans les régions libérées.

Tout sinistré autorisé à se réinstaller dans les régions libérées peut adresser dans ce but, sans attendre la constatation et l'évaluation de ses dommages par la Commission cantonale, une demande au Préfet.

Cette demande doit contenir la liste des objets mobiliers ou meubles meublants dont l'intéressé déclare avoir besoin, eu égard à la composition de sa famille, dont il doit donner également l'indication exacte.

Elle doit être accompagnée d'une simple attestation du maire établissant que le mobilier du demandeur a été détruit par suite des évènements de guerre.

Au vu de la demande et des justifications jointes, le Préfet peut décider l'attribution au demandeur, à titre d'avance sur son indemnité de dommages, soit des objets mobiliers qui lui seront reconnus nécessaires, et qui, dans ce cas, lui seront remis en nature, soit d'une avance en espèces, destinée à lui permettre l'acquisition de ces objets.

Les meubles ou objets mobiliers susceptibles de faire l'objet des avances instituées sont **exclusivement** *les objets ou meubles meublants les plus usuels*, tels que lits, literie, fourneaux, tables, chaises, bahuts, armoires, ustensiles de ménage, etc.

On peut y comprendre le petit outillage domestique élémentaire (scies, marteaux, etc.) qui serait demandé par les sinistrés, dans le but de commencer eux-mêmes leurs petits travaux de restauration ou d'aménagement, à l'exclusion de l'outillage agricole ou horticole qui fait déjà l'objet d'un autre système d'avances.

Les objets qui seront remis en nature, au moyen des approvisionnements constitués par l'Administration, sont imputés au compte du sinistré pour leur prix d'achat d'origine, majoré de 5 p. % en vue de tenir compte des dépenses du transport, de gardiennage, de manutention, etc...

Tous ces objets doivent, autant que possible, porter d'une manière apparente l'indication du prix de cession.

Un reçu portant mention des objets cédés et de leur valeur est demandé au bénéficiaire, pour être versé à son compte de dommages.

Si le sinistré demande à acheter lui-même dans le commerce les objets dont il a besoin, ou si l'Administration ne possède pas ces objets dans ses propres approvisionnements, il est remis au demandeur un extrait de décision constituant « bon de livraison », et contenant l'indication des objets que le bénéficiaire est autorisé à acquérir, ainsi que le montant de l'avance mise à sa disposition dans ce but.

Muni de ce « bon de livraison », le sinistré peut s'adresser au fournisseur de son choix.

Le montant des fournitures effectuées sera mandaté au fournisseur, sur simple présentation du bon de livraison revêtu du reçu des marchandises signé par le bénéficiaire.

Dans certains cas, le montant des avances peut être payé directement en espèces, au moyen d'un mandat de payement ou par l'intermédiaire du régisseur s'il en existe un, à charge par le sinistré de fournir dans le délai d'un mois des justifications d'emploi.

L'avance ne peut dépasser une valeur maximum de 1.000 francs pour le chef de famille ou la personne en tenant lieu, et 200 francs par enfant ou par personne à la charge du chef de famille. En aucun cas, cette avance ne peut dépasser la valeur du mobilier perdu ou détruit.

IV. Avances pour fonds de roulement aux agriculteurs, petits commerçants et artisans et petits industriels. — En vue de favoriser la reprise de l'activité économique dans les régions libérées de l'occupation ennemie, il a été institué, d'autre part, un régime spécial d'avances pour fonds de roulement, destiné à permettre aux agriculteurs, commerçants, artisans ou petits industriels sinistrés des régions libérées, de supporter les dépenses initiales inhérentes à la remise en fonctionnement de leurs exploitations.

Les avances dont il s'agit sont indépendantes des avances en nature visées aux paragraphes II et III ci-dessus.

Elles ont pour but de mettre à la disposition des agriculteurs, commerçants, artisans ou petits industriels, les sommes qui leur sont nécessaires pour payer les ouvriers, nourrir les animaux, acheter des marchandises ou des matières premières, etc...

Les sinistrés qui désirent bénéficier de ces avances pour fonds de roulement peuvent, *s'ils le jugent utile*, provoquer, s'il n'y a déjà été procédé, la mise en œuvre de la procédure de constatation provisoire des dommages prévue par la loi du 5 juillet 1917.

Ils s'adressent à cet effet au Préfet du département du lieu du dommage, qui leur fournit tous renseignements utiles.

En tout cas, ils doivent adresser au Préfet ou au Sous-Préfet, dans l'arrondissement duquel l'exploitation est située, une demande dans laquelle, après avoir rappelé l'importance du dommage subi, ils indiquent le montant de l'avance sollicitée et exposent : 1° l'impossibilité où ils se trouvent de poursuivre leur exploitation au moyen de leurs seules ressources personnelles ; 2° les mesures qu'ils ont adoptées pour assurer la reprise immédiate de l'exploitation à son siège antérieur ; 3° les besoins précis auxquels l'avance a pour but de faire face : 4° en ce qui concerne les agriculteurs, le nombre d'hectares de terre qu'ils sont en situation de remettre en état cultivable. Cette demande est accompagnée d'un état détaillé de leurs pertes, établi par eux et comportant la désignation précise de la consistance et de l'importance des biens détruits ou endommagés. L'exactitude des énonciations de cet état est attestée par deux témoins et certifiée par le maire de la commune.

Des Commissions spéciales sont instituées pour examiner les demandes d'avances de fonds de roulement et donner leur avis sur la suite qu'elles peuvent recevoir.

La délivrance des avances est soumise aux conditions suivantes :

Elles ne doivent, *en aucun cas*, excéder, soit directement, soit par voie de cumul avec d'autres avances, une valeur égale à l'importance approximative du dommage, estimée à la valeur d'avant-guerre.

Elles ne peuvent, en principe, être supérieures à 3.000 francs par bénéficiaires.

Toutefois, pour favoriser la reprise des exploitations agricoles par leurs exploitants antérieurs ou leurs ayants droit, cette dernière limite peut être dépassée en ce qui concerne les sinistrés agriculteurs, dans la mesure d'un maximum de 1.000 francs par hectare de terre qu'on se propose de remettre en culture et de 2.000 francs dans les cas spéciaux où la nécessité en sera dûment constatée, mais sans que le montant de l'avance pour fonds de roulement, cumulé avec les autres avances, puisse d'ailleurs, comme il est dit ci-dessus, excéder l'importance approximative du dommage. Les avances allouées peuvent comprendre d'ailleurs, à la fois, des avances en nature (outillage ou cheptel) demandées à l'Office de reconstitution agricole, des sommes en espèces destinées aux acquisitions de matériel et d'animaux et des sommes destinées au payement des salaires des ouvriers ou à la subsistance de la famille. Mais le montant des sommes versées en argent pour ce dernier objet (salaires et subsistance), c'est-à-dire déduction faite de celles qui seront consacrées à l'achat dûment justifié d'outillage agricole, de bétail, d'engrais, de semences, etc.., par l'intéressé lui-même, ne peut excéder la limite de 400 francs par hectare.

Les avances pour fonds de roulement peuvent faire l'objet, sur l'avis de la Commission, de versements échelonnés.

Elles sont remboursables dans un délai qui est fixé, dans chaque cas, par la Commission, avec faculté de prorogation dans les mêmes formes, et devront en tout cas être remboursées, par voie d'imputation sur l'indemnité de dommage, lors du règlement de cette indemnité.

RENSEIGNEMENTS

pour l'utilisation des formules de demandes d'indemnités et de déclarations de dommages de guerre.

Les formules mises à la disposition des sinistrés dans les préfectures, les sous-préfectures et mairies des régions libérées ont pour objet de faciliter aux sinistrés l'établissement de leurs demandes d'indemnités et de leurs déclarations de dommages, en se conformant, pour ces dernières aux catégories établies par la loi, catégories qui ont pour objet de grouper les biens dont l'évaluation doit s'effectuer d'après les mêmes méthodes, par exemple : réquisitions de l'ennemi (1re catégorie), meubles (2e catégorie), immeubles (3e catégorie), etc.

L'emploi de ces formules doit aussi faciliter et rendre plus rapide le travail des Commissions cantonales.

Chacune de ces déclarations afférentes aux diverses catégories peut être présentée séparément à la Commission cantonale, mais toujours accompagnée d'une feuille de demande.

Toutes les déclarations peuvent aussi être présentées ensemble, accompagnées d'une seule feuille de demande.

Les dommages à soumettre à chaque Commission sont ceux qui ont été subis sur le territoire de la circonscription de cette Commission (canton, ou partie de canton, si le canton est divisé entre plusieurs Commissions).

Cependant, lorsque l'objet du dommage s'étend sur plusieurs cantons, la demande doit être portée en totalité devant la Commission du canton où est située la partie principale.

Les chiffres à porter dans les colonnes « Perte subie » et « Somme demandée » sont les chiffres des estimations du demandeur. Ce dernier doit indiquer dans la colonne : « Somme demandée pour la reconstitution ou pour le remplacement », la somme totale nécessaire, d'après lui, au moment de la demande, pour la reconstruction de l'immeuble détruit, le remplacement des meubles, etc.

L'attention est attirée spécialement sur le tableau des co-propriétaires, usufruitiers, titulaires de servitudes, créanciers hypothécaires, etc., qui figure à la deuxième page de la demande.

Il est très important de signaler avec beaucoup de soin toutes les personnes qui peuvent avoir, ou réclamer, un droit sur l'un des biens compris dans la demande ; on évitera ainsi des difficultés ultérieures et des retards, tant devant les Commisions, qu'au moment de la délivrance des titres définitifs.

Les feuilles de déclaration peuvent être utilisées de deux manières :

1° Si l'indication des dommages subis ne comporte pas de développements importants, on peut la porter intégralement sur la feuille afférente à la catégorie dans laquelle rentre le dommage :.

2° Si la déclaration doit comprendre un grand nombre d'articles, le mieux est d'en établir le détail sur des feuilles annexes correspondant aux divisions indiquées sur la feuille de catégorie, avec toutes les subdivisions qu'on jugera utiles.

On reportera ensuite sur la feuille de catégorie seulement les chiffres correspondant aux divisions ou subdivisions.

La feuille de catégorie formera ainsi une espèce de « table des matières » des feuilles annexes, et rendra la consultation du dossier plus facile.

Si l'on doit produire à l'appui de la demande des pièces importantes, dont on préfère ne pas se séparer, on peut joindre au dossier des copies certifiées conformes, et ne présenter les originaux à la Commission qu'au moment où l'on est appelé devant elle. -

Si, pour certains dommages, on a des hésitations sur la catégorie dans laquelle ils doivent être classés, il convient de les ranger de préférence dans celle des catégories où l'on a déjà à présenter des objets de même nature.

Dans une exploitation agricole, industrielle ou commerciale, il est signalé que tout ce qui est outillage, matériel fixe ou mobile, accessoires de l'exploitation, ou animaux employés dans l'exploitation, est considéré pour l'application de la loi comme immeuble par destination, et à ce titre, fait partie de la 3ᵉ catégorie (immeubles).

Par contre, les engrais, semences, récoltes, produits, animaux ne servant pas à une exploitation, arbres déjà abattus avant le dommage, marchandises, produits en cours de fabrication sont toujours de la 2ᵉ catégorie (meubles).

Ainsi, pour un fermier, les charrues, herses, voitures, etc., les chevaux, bœufs, moutons, etc., sont toujours de la 3ᵉ catégorie (immeubles par destination). Les pailles en grange ou en meule, les blés à vendre ou de semence, les engrais, etc., sont de la 2ᵉ (meubles). Chez un marchand de charrues ou de chevaux, les charrues ou les chevaux sont au contraire de la 2ᵉ catégorie (meubles) en tant que marchandises. Ainsi encore, chez un serrurier, le matériel (enclumes, perceuses, etc.) et les outils (masses, marteaux, pinces, etc.) sont de la 3ᵉ catégorie (immeubles par destination), les serrures faites, les éléments de serrures en fabrication, les approvisionnements de fer, de vis, de clous, etc., sont de la 2ᵉ catégorie (meubles).

Dernière recommandation : **Écrire très lisiblement.**

TABLE DES MATIÈRES